णाणं पयासयं

वीर नि.सं. 2470

ई.सन् 1944

भारतीय ज्ञानपीठ

तीस कविता वर्ष

तीस कविता वर्ष

सीताकान्त महापात्र

भारतीय ज्ञानपीठ प्रकाशन

राष्ट्रभारती
लोकोदय ग्रन्थमाला : ग्रन्थांक 568
ग्रन्थमाला सम्पादक
रवीन्द्र कालिया
सह-सम्पादक
गुलाबचन्द्र जैन

पहला संस्करण : 1994
दूसरा संस्करण : 2006
तीसरा संस्करण : 2008

ISBN 978-81-263-1646-5

प्रकाशक :
भारतीय ज्ञानपीठ
18, इन्स्टीट्यूशनल एरिया, लोदी रोड
नयी दिल्ली-110 003

मुद्रक : विकास कम्प्यूटर ऐंड प्रिंटर्स, दिल्ली - 110 032

आवरण-शिल्पी : सत्यसेवक मुखर्जी

तीसरा संस्करण : 2008
मूल्य : 110 रुपये

TEESA KAVITA VARSHA
(Oriya Poems)
by Sitakant Mahapatra

Published by
Bharatiya Jnanpith
18, Institutional Area, Lodi Road
New Delhi-110 003
e-mail : jnanpith@satyam.net.in, sales@jnanpith.net
website : www.jnanpith.net

Third Edition : 2008
Price : Rs. 110

सुमुख

आमुख, श्रीमुख, वाङ्मुख, आकाश, प्रकाश, अनिल, अनल, सलिल, समुद्र, संसार—कितने नाम हैं शब्द के और कितने धाम हैं अर्थ के । आर्थ अपने वाच्यार्थ की पार्थिव परिधि को पारकर चरितार्थ, निहितार्थ और परमार्थ की समर्थ पद-विधियों में विचरण करने लगता है तब बहुमुखी शब्द अपनी सर्वतोमुखी सश्रीकता को अपने में समेटकर केवल 'सुमुख' बनकर सहृदय के दहर-कुहर में प्रतिष्ठित होता है । यही परमाक्षर का परमव्योम है जिसको वाग्देवी के वरदपुत्र डॉ. सीताकान्त महापात्र ने शब्दों का आकाश (शब्दर आकाश) कहा है। आकाश का लक्षण ही शब्द है और धरती का निक्षेप है—सौरभ। दोनों को वहन करने वाला परम पावन पवन कभी-कभी कवि-हृदय को निःशब्दता में निःस्वन बनने के लिए बाध्य कर देता है और कभी-कभी अन्तहीन सौर-पथ में अनन्त महामौन का अन्तर्नाद सुनने का अवसर भी देता है। इसीलिए निःशब्द माधुर्य के मर्मज्ञ कवि को शेफाली अच्छी लगती है। क्योंकि वह बोलती नहीं और बोलने के लिए उसे शब्द की ज़रूरत नहीं होती। तभी तो कवि को पता चलता है कि जो वह नहीं जानता, पेड़ों को उसका पता है, गौरेया उसे जानती है। यही सीताकान्त के शब्दाकाश की स्वर-निरपेक्ष विशेषता है जो कि उनकी तीस वर्ष की काव्य-साधना का सार है ।

प्रो. नामवर सिंह ने सीताकान्त की कवि-मनीषा की इसी परिणति को एक 'नयी शब्दहीनता' कहकर रसात्मक वाक्यज्ञता का एक नया आयाम पाठकों के सामने प्रस्तुत किया है । इस नीरवता के निर्लिप्त माधुर्य पर मनन करते समय वाल्मीकि के 'सीताकान्त' का एक वाक्य याद आता है । सरितापति सागर के परम तीर पर पहुँचते ही उस सीताकान्त ने पवन को अपनी कान्ता के साथ सम्पर्क का साधन बनाते हुए उसे सम्बोधित कर कहा है—**वाहि वात यतः कान्ता, तां स्पृष्ट्वा मामपि स्पृश।** इस कार्य के लिए सीतापति ने पहले वातात्मज का सहारा लिया था। अब उनके पिता वात को ही अपना दूत बना रहे हैं।

हवाईअड्डे पर बैठकर बादल की थकी लहर, चमचमाती रुपहली धूप और नीरव आकाश में लम्बी यात्रा की वापसी विदाई का अनाहत स्वर सुनने में तल्लीन

हमारे इस सीताकान्त की कान्तासम्मत काव्योक्ति में वाल्मीकि के सीताकान्त का वही प्रभाकर भास्कर स्वर नयी रागिनी में सुनाई देता-सा प्रतीत होता है। दोनों सीताकान्त 'आसमान से परिचित धरती और धरती से अनजाना आसमान' में समय-समागम को अवगत करने का प्रयास कर रहे हैं। उस सीताकान्त का समयबोध आज हमारे लिए कुछ दुरूह-सा हो गया होगा, पर हमारे आज के इस सीताकान्त ने स्पष्ट नहीं तो कम-से-कम समृद्ध शब्दों में कह दिया है :

> आत्मा के बोधि-वृक्ष पर हरे नील दंगे के बाद
> आयी हुई निष्करुण शून्यता को
> आज क्या ? कल भी क्या ?
> आज भी कभी बन जाता है कल !

समय का शेषनाम सीताकान्त का पदनाम है तो उनका वास्तविक और व्यावहारिक नाम है—शब्द। एक प्रत्यय है और दूसरा उपसर्ग। दोनों का सत्त्व सार लेकर सीताकान्त काव्य और जीवन के परमार्थ को एक साथ उद्घोषित करते हुए कहते हैं :

> समय की अन्तिम गली-मोड़ पर
> वे ही शब्द सारे
> तुम्हारी ही प्रतीक्षा करते हैं कवि !
> उनके उच्चारित प्रत्येक शब्द
> महाचुप्पी की लग्न में
> तुम्हारे समय में ही
> चन्दामामा जैसे झर जाते हैं

महापात्र की प्रारम्भिक रचना 'दीप्ति ओ द्युति' (1963) से लेकर नवीनतम रचना 'वर्षा सकाळ' (1993) तक के लगभग सभी काव्य-संकलनों में से संगृहीत प्रशस्त चौंसठ कविताएँ प्रस्तुत संग्रह में प्रकाशित हैं। स्वनामधन्य नामवर जी ने इस संग्रह का नाम भी बहुत सुन्दर रखा है—'तीस कविता वर्ष'। वर्ष संख्या—'तीस'—त्रिदश अथवा देवतावाचक है और कविताओं की संख्या—चौंसठ—कला-द्योतक है। भवभूति के शब्दों में, कवि की वाणी आत्मा की अमृत-कला होती है क्योंकि उसमें आत्मीयता, अमृतत्व और कलात्मक अभिव्यंजना का लोकहितकारी समाहार समाहित होता है। इस संग्रह में पन्द्रह असंकलित कविताएँ भी सम्मिलित हैं जो पहली बार रसग्राही और हृदयज्ञ पाठकों के सामने प्रस्तुत हो रही हैं। इन

चौंसठ कविताओं का रसास्वादन करने पर किसी भी सुधी पाठक को लगेगा कि ये चौंसठ कविताएँ 'चतुष्षष्टि' के कलाखण्ड हैं।

भारतीय ज्ञानपीठ के उनतीसवें ज्ञानपीठ पुरस्कार से सम्मानित इकतीसवें साहित्य-मनीषी डॉ. सीताकान्त महापात्र का यह काव्य-कलश साहित्य-प्रेमियों के सामने प्रस्तुत करते हुए हमें अपार हर्ष हो रहा है। 'समय और शब्द के कवि सीताकान्त' के शीर्षक से प्रो. नामवर सिंह ने जो सुरुचिपूर्ण और विवक्षात्मक भूमिका दी है, उसके लिए हम उनके अत्यन्त आभारी हैं। कविताओं का चयन भी उन्होंने स्वयं किया है। मूल उड़िया भाषा में कवि द्वारा प्रणीत सारगर्भित सारस्वत अभिव्यंजना को राष्ट्रभारती हिन्दी में समर्थ पद विधि में निबद्ध किया है हिन्दी और उड़िया के जाने-माने विद्वान्, अनुवादकों ने। इन सबके प्रति अपना आभार व्यक्त करना हमारा दायित्व है। अनुवाद-जैसे पवित्र पाप को पुण्य-सृष्टि का तपःपूत रूप प्रदान करना एक राष्ट्रीय सारस्वत समाराधन है। इस प्रकार का पुनीत कार्य अखिल भारतीय स्तर पर भारतीय ज्ञानपीठ द्वारा सम्पन्न होता रहे और भारत-भारती की सात्त्विक और तात्त्विक भारतीयता को हृदयंगम करने में शब्द-जीवियों को अपेक्षित सुविधा उपलब्ध होती रहे, यही हमारी कामना है, और इसकी पूर्ति रसग्राही साहित्य समाज के द्वारा ही हो सकती है।

अब सीताकान्त की तीस-वर्षीय काव्य-साधना आपके सामने है।

— पाण्डुरंग राव

भारतीय ज्ञानपीठ,
पहला चैत्र 1916
शक संवत् वर्षादि

समय और शब्द के कवि सीताकान्त

सीताकान्त महापात्र की तीस वर्षों की अनवरत काव्य-यात्रा पर दृष्टि जाती है तो उनकी हाल की ही लिखी 'रास्ता' (1993) शीर्षक कविता याद आ रही है। कवि को इस बात का एहसास है कि सभी तलाशते हैं रास्ता अपने-अपने ढंग से : मिट्टी तले केंचुआ, समुद्र में कोलम्बस, चक्रव्यूह में अभिमन्यु, तरह-तरह की यातनाओं में बुधिया नाई, बोधिवृक्ष तले बुद्धदेव, शून्य में एकाकी नक्षत्र, साँझ के आकाश में घर लौटती चिड़िया, और 'जिद्दी शब्दों के घेरे में कवि' भी। कभी लगता है रास्ता हर जगह है पर रास्ता कहीं भी नहीं। और कभी लगता है डग बढ़ाते ही रास्ता है, कोई शब्द कहते ही रास्ता ! किन्तु अन्त में बोध यही होता है कि —

> रास्ता तो बस समय की परछाईं है
> पल-भर में
> शून्यता में ही घुल जाता है ओस की तरह
> रास्ता जो स्वयं ही एक अशरीरी राहगीर है।

इस अशरीर राहगीर के कायाकल्प का रहस्य तो कवि का कोई सहयात्री ही बता सकता है । मेरे जैसे पार्श्वदर्शक के सामने तो सिर्फ़ उस रास्ते के कुछ पदचिह्न ही हैं और उनमें सबसे ज़्यादा उभरकर जो दो पद आते हैं वे हैं समय और शब्द ! शायद कवि की चिन्ता के ये दो केन्द्र-बिन्दु हैं।

कोई चाहे तो कह सकता है कि सीताकान्त समय और शब्द के कवि हैं। समय को शब्द में और शब्द को समय में बदलना ही कवि की काव्य-साधना है जिसकी अन्तिम परिणति सम्भवतः एक 'नयी शब्दहीनता' है।

यह अकारण और आकस्मिक नहीं है कि सीताकान्त के एक कविता-संग्रह का नाम 'शब्दर आकाश' (1971) है और एक अन्य कविता-संग्रह का 'समयर शेषनाम' (1984)। समय और शब्द के प्रत्यय कवि को निश्चय ही विशेष रूप से प्रिय हैं।

समय सीताकान्त के काव्य-संसार में विविध रूप धारण कर प्रकट होता है जिसका एक रूप है स्मृति।

क्षणों के घास-फूस भर-भर चोंच लाकर
बनाता है घोंसला समय हमारे ही भीतर
बन जाता है स्मृति

इन स्मृतियों में सम्भवतः उड़िया जातीय परम्परा के प्रतीक जगन्नाथ की स्मृति स्थायी है। जगन्नाथ केवल एक देवता या मिथक नहीं, बल्कि उड़िया जाति के लिए समग्र संस्कृति हैं। इसीलिए वे किसी अतीत के अवशेष नहीं, बल्कि सतत उपस्थिति हैं। ऐसी उपस्थिति से उदासीन रहकर कोई भी सार्थक सृजन सम्भव नहीं है—इसे उड़िया के अन्य आधुनिक कवियों की तरह सीताकान्त भी गहराई से अनुभव करते हैं। इसीलिए 'कविता का जन्म' (1991) शीर्षक अपनी लम्बी महत्त्वाकांक्षी कविता में वे कहते हैं —

शब्द गढ़ता है
मेरे हृदय के टूटे मन्दिर में वही
हाथ - पैर हीन और अधगढ़ा प्रेम-देवता !

कहने की आवश्यकता नहीं है कि यह 'अधगढ़ा प्रेम देवता' जगन्नाथ है।

यह भी एक विरोधाभास ही है कि सीताकान्त अपने नाम के विपरीत कवि के रूप में कृष्णकान्त हैं। कृष्ण की छाया उनकी कविता पर काफी लम्बी है। कृष्ण-कथा के जीवन-प्रसंग कवि के मानस में इस हद तक रचे-बसे हैं कि अपने गाँव की स्मृति भी इस बिम्ब के रूप में आती है—

दोनों पहाड़ों के बीच सिर टिकाये
तुम्हारा गाँव तब भी सोया होता है
पूतना के दो विशाल
स्तनों के बीच बालकृष्ण !

इस बिम्ब से स्पष्ट है कि सीताकान्त ने कृष्ण को एक आधुनिक कवि के रूप में ग्रहण किया है। कवि की इस आधुनिक दृष्टि की पहली झलक उनके प्रथम कविता-संग्रह 'दीप्ति ओ द्युति' (1963) की 'जारा शबर का गीत' शीर्षक कविता की इन पंक्तियों में मिलती है —

मैं नहीं देखना चाहता वह विश्वरूप
नहीं माँगता तेरा ज्ञान, नहीं माँगता मैं तेरी स्मृति असीम

हे मायावी विश्वरूप, मेरी बस इतनी ही विनती है
हर युग, हर काल, हर समय में मेरा तीर
तुझे मुक्ति दे तेरे शरीर से, तेरी अपनी ही छलना से
और युग युग तक मैं रोता रहूँ
अपने दुर्बल वक्ष पर तेरे कोमल जामुनी पाँव सहेजकर ।

एक तरह से देखें तो यह आधुनिक भारतीय कविता का घोषण-पत्र भी है और काव्य-शास्त्र भी।

आधुनिकता परम्परा का वध करने के लिए अभिशप्त है, लेकिन इसके साथ ही अपने वक्ष पर उस परम्परा के पाँवों को सहेजकर रोती भी है। आधुनिकता की यह विडम्बनापूर्ण नियति है। आधुनिक कवि का अपना वक्ष चाहे जितना दुर्बल हो, किन्तु वह न तो परम्परा का 'विश्वरूप' चाहता है और न असीम स्मृति ही। शायद इसलिए कि वह सब एक छलना है। इस छलना के मायाजाल को छिन्न-भिन्न करना आवश्यक है। यह हर आनेवाले युग का दायित्व है। इसी में परम्परा की मुक्ति है और आधुनिकता की भी। जारा शबर कृष्ण का वधिक नहीं, मुक्तिदूत है। किन्तु कविता अन्ततः उस करुणा में है जिससे जारा शबर का वक्ष आप्लावित है।

कहना न होगा कि सीताकान्त की इस कविता का जारा शबर पन्द्रहवीं शताब्दी के उड़िया कवि सारलादास की सजीव स्मृति है। सच तो यह है कि उड़िया के अन्य आधुनिक कवियों के समान ही सीताकान्त के लिए भी सारलादास का उड़िया महाभारत और जगन्नाथदास का उड़िया भागवत प्रेरणा-स्रोत से अधिक सृजन-प्रक्रिया में सतत उपस्थित हैं।

कृष्ण की मृत्यु के समान ही पिता की मृत्यु भी सीताकान्त के लिए अविस्मरणीय अनुभव है। यह अनुभव कहीं अधिक आत्मीय और उत्कट है और इसीलिए अधिक काव्यात्मक भी। बेहिचक कहा जा सकता है कि पिता की मृत्यु से सम्बन्धित कविताएँ सीताकान्त की सर्वोत्तम कविताओं में से हैं। ये कविताएँ भी एक तरह से समय के साथ कवि के सम्बन्ध की व्यंजना करती हैं। इस श्रेणी की कविताओं में एक कविता है 'शत्रु' (समयर शेषनाम, 1984)।

कविता इस प्रकार शुरू होती है जैसे किसी आक्रामक शत्रु का मुकाबला करने के लिए शिविर में युद्ध की तैयारी की जा रही हो। वातावरण युद्ध का-सा है, लेकिन स्थान अस्पताल। अस्त्र-शस्त्र हैं दवा की शीशियाँ और इंजेक्शन। प्रतिरक्षा में खड़े सैनिक हैं डॉक्टर, नर्स और बेटा-बहू, बेटी-दामाद तथा नाते-रिश्तेदार। शत्रु

और कोई नहीं स्वयं यमराज। अचानक कुछ चमत्कार-सा घटित होता है। दवा और स्पिरिट की गन्ध ख़त्म हो गयी और एक अद्‌भुत-अपार्थिव सुगन्ध चारों ओर छा गयी। सूक्ष्म बाँसुरी की धुन गूँज उठी। इन सबका कुछ ऐसा जादुई असर पड़ा कि शिविर में सब सो गये। आँख खुली तो क्या देखा कि—

खाट पर वह नहीं है
जिसे चक्रव्यूह के केन्द्र में स्थापित कर
पहरा दे रहे थे योद्धागण, सम्पूर्ण सेना
है सिर्फ़ मिट्टी का पुतला रूपहीन, शब्दहीन
जो है मिट्टी में लौटने को अधीर।

कविता इस नाटकीयता में ही है और सन्देह नहीं कि इस कविता का नाटकीय विन्यास अद्‌भुत है !

पिता की मृत्यु से सम्बन्धित एक और कविता है 'पवन' (चढ़ेइ रे तू कि जाणु, 1190)। कविता के शीर्षक से भ्रम होता है कि कविता पवन के बारे में है, जैसे कोई जानी-पहचानी प्रकृति-कविता। आरम्भिक पंक्तियों से कुछ ऐसी ही प्रतीति होती है। कविता हवा की गति के साथ धीरे-धीरे सरकती हुई इस बिन्दु पर आती है कि 'निपट अप्रत्याशित स्थानों पर / एकाध बार भेंट हुई है उससे।' उससे यानी हवा से। इन अप्रत्याशित स्थानों में एक है राजपथ का किनारा जहाँ भिखारी का बच्चा मरा पड़ा था। पवन 'उसे सहला रहा था / मानो उतने से ही वह बच्चा / आँखें मलता हुआ फिर से उठ बैठेगा।' और यहीं से कविता 'अप्रत्याशित' मोड़ लेती है। स्मृति के रंगमंच पर सहसा पिताजी का प्रवेश होता है इन शब्दों के साथ 'मैंने देखा था पिताजी से / उसकी अच्छी मित्रता थी।' मित्रता का प्रमाण यह है कि कभी-कभी दिन-ढले अँधेरे में जब पिताजी चबूतरे पर मूर्तिवत् अकेले बैठे होते हैं, वह आकर चबूतरे के किनारे खड़ा हो, जाने क्या-कुछ बतियाता रहता है। इसी तरह बिस्तरे पर लेटे हुए पिताजी का जी उकताने पर अधखुली खिड़की से आकर उनके कानों में न जाने क्या-कुछ कह जाता है ! परिचय की नाटकीय परिणति है—

और उस दिन श्मशान में
उनकी चिता जलते समय
मैंने देखा, न जाने कहाँ से
पागलों की तरह दौड़ते हुए आकर
वह उसी धधकती आग में

घुस गया
क्या जाने उसके मन में
कौन-सी गुप्त बात थी !

यह है सीताकान्त का पवन ! यह वही पवन है जिसने भिखारी के मरे बच्चे को न जाने किस मोह से, आस से झुककर सहलाया था !

ऐसे ही नाटकीय विन्यास की एक और कविता है 'परछाईं' (चढ़ेइ रे तू कि जाणु, 1990)। सन्दर्भ भिन्न है, फिर भी इस क्रम में इसलिए उल्लेखनीय है कि मुझे वह कविता सीताकान्त की श्रेष्ठ कविताओं में से एक लगती है। कविता शुरू होती इन पंक्तियों से —

देख रहा हूँ काफी दिनों से
वह वहीं खड़ी है
पैर जमाये, सिर झुकाये
ठीक मेरे फाटक के सामने
अडिग मूर्ति-सी

और अन्त में भी —

क्या रात, क्या दिन
क्या आषाढ़, क्या फागुन
सिर झुकाए, सपने में देखे सपने-सी
वह वहीं, उसी तरह खड़ी रहती है।

मज़े की बात यह है कि किसी और को यह दिखाई नहीं पड़ती। 'नौकर-चाकर बीवी-बच्चे जिससे पूछो / वे कहते हैं, कहाँ है / फाटक के पास तो नंगी हवा के सिवा / और कोई भी तो नहीं !' इस परछाईं का तौर-तरीका इतना अजीब है कि अन्दर नहीं आती, वैसे चाहती तो अनायास ही फाटक खोल अन्दर आ सकती थी। लेकिन नहीं आती तो नहीं आती। आती है तो सिर्फ सपनों में। और इस तरह आने का नतीजा यह होता है कि बेटा-बेटी, बीवी और खुद मैं—यानी सब कुछ अटपटा लगने लगता है। उसकी उपस्थिति से पेड़-पौधे सूखने लगते हैं, चाँद की रोशनी मलिन लगने लगती है, और चिड़ियाँ चहकना भूल जाती हैं ! गरज़ कि सब-कुछ अर्थहीन लगने लगता है।

यह परछाईं कोई छायावाद नहीं, ठेठ अस्तित्ववाद है और किसी वाद से ज़्यादा काव्य !

यह भी एक विडम्बना या कि विरोधाभास है कि 'परछाईं' ऐसे कवि की कृति है जो एक सामाजिक प्राणी के नाते जीवन में अत्यन्त सफल है । अपनी इस विडम्बनापूर्ण अवस्थिति को भी सीताकान्त ने कविता का रूप दे डाला है। इधर की ही एक कविता 'मत पूछो मुझसे, प्रिय मित्र' में वे कहते हैं —

फिर भी मैं घर-घाट
सो रही पत्नी और पुत्र को
छोड़कर नहीं जा पाया हूँ घने अरण्य में
मेरी तपस्या है खिड़की के निरंजना-तट पर खड़े हो
चुपचाप आकाश की ओर देखना
कापुरुष अमृत-सन्तान मैं
रोया हूँ युगों से युगों तक !

कापुरुष अमृत-सन्तान ! अमृत-सन्तान फिर भी कापुरुष !

सीताकान्त के समय का एक निश्चित भूगोल भी है और यह भूगोल इतिहास के सन्त्रास को सन्तुलित करता है। इस भूगोल में उड़ीसा की नदियों का स्थान विशेष है। फिर चाहे वह निरंजना हो या चित्रोत्पला अथवा कोई और ! नाम इतने काव्यात्मक हैं जैसे इन्द्रलोक की अप्सराओं के नाम। 'नदी को देखने पर क्या याद आते हैं' (फेरि आसिबार बेळ, 1991) शीर्षक कविता में कवि कहता है :

नदी को देखने पर
पहाड़, समुद्र के सिवा
और क्या याद आते हैं
याद आते हैं
स्वर और समय
स्वर में बहता है समय !
... ...

क्या नदी समय की परछाईं है

रास्ता भी समय की परछाईं और नदी भी समय की परछाईं ! सीताकान्त को समय से ज़्यादा उसकी परछाईं अच्छी लगती है। इसीलिए वे कवि हैं, वरना दार्शनिक होते !

लगता है सीताकान्त के अन्दर अब भी एक जारा शबर जीवित है जो कभी कभी आदिवासी लोकगीतों की सहज शारीरिक भाषा में फूट पड़ता है। ऐसी ही

एक कविता है क्वाँरे आदिवासी युवक 'घाँगड़ा का प्रेम गीत' —

> साँझ के अँधेरे में
> महुवा फूल की महक से विह्वल गाँव के बाहर
> तुमसे स्नेह माँगा, देह माँगी
> तूने कहा
> यहाँ नहीं, यहाँ नहीं
> तूने कहा
> अभी नहीं, अभी नहीं।

इसी अनावृत ऐन्द्रियता की अकुण्ठ अभिव्यक्ति है वह छोटी-सी कविता 'पहली छुअन' (1993) जिसकी ये दो आरम्भिक पंक्तियाँ मन में अजीब-सी सिहरन पैदा करती हैं —

> कहाँ है उस उँगुली की
> पहली छुअन की पहली महक !

कवि पकड़ना चाहता है वह 'पहला एहसास / विकल्प नहीं उसका । 'अभ्यास की धूल' जब परत-दर-परत जम जाती है तो उसे कुरेद कर 'पहले एहसास' को खोज निकालना ही कवि-कर्म है । जिसका विकल्प नहीं, वही कविता का संकल्प है। कवि की तलाश वही शब्द है—आदि शब्द, अनुभव-मूल में निहित शब्द ! क्या इसलिए कि प्रत्येक अनुभव शब्द से अनुबिद्ध है ? क्या सीताकान्त की शब्द-चिन्ता का रहस्य यही है ? कौन जाने ?

कवि के सिवा और कौन जानता है कि अन्ततः टिकते हैं शब्द ही। शब्द को अक्षर कहा गया है। समय का क्या ? आया और गया। किसकी मजाल जो उसे पकड़ रखे ! क्या इसीलिए कवि अपने समय को शब्द में बदलता रहता है ?

इसमें कोई शक नहीं कि सीताकान्त के पास कुछ तो शब्द ऐसे हैं ही जिनमें बचे रहने की सम्भावना है। आधुनिक भारतीय कविता में उन्होंने अपना स्थान आरक्षित या कि सुरक्षित कर लिया है। ऐसे प्रतिष्ठा-प्राप्त कवि के लिए इससे अधिक बखान की ज़रूरत नहीं है। आत्म-परितोष के लिए सम्प्रति इतना ही पर्याप्त है। तीस वर्षों की काव्य-साधना के इस चयन से अधिक ठोस प्रमाण और क्या होगा ? एक नितान्त निर्वैयक्तिक कवि का नितान्त वैयक्तिक दस्तावेज !

दिल्ली, — **नामवर सिंह**

15 मार्च, 1994

भूमिका नहीं

यह सच है कि कविता अलगाती नहीं, पर केवल जोड़ती भी नहीं। भला किससे किसको जोड़ेगी वह ? काव्य-पुरुष को घटना से, अन्य मनुष्य से ? मनुष्य को प्रतिबिम्ब से, परछाईं से ? समय को शब्द से, उच्चारण से ? किन्तु समस्त घटनाएँ तो काव्य-पुरुष की आत्मा में हैं ! सारे उच्चारण उसी की स्नायु में, सारे प्रतिबिम्ब, सारी परछाइयाँ उसी के मन के परदे पर और अन्य मनुष्य, सभी दूसरे, सदा-अभिषिक्त हैं उसी के हृदय-सिंहासन पर ! सबको खींच लाता है वह अपनी अन्तरात्मा के स्थिर निष्कम्प प्रदेश में। वही होते हैं सभी, सभी दूसरे लोग, सारा समय, सारे उच्चारण, सारे शब्द, सारे बिम्ब-प्रतिबिम्बों का अशेष जमावड़ा। वहाँ सिर्फ़ दादाजी या पिताजी विदाई नहीं लेते, प्रेमिका और जाया बेला के फूल या चिड़िया की ओर नहीं देखते, अस्पष्ट तुतलाहट में सन्तान का स्वर सुनाई नहीं पड़ता, वहाँ एक भिखारी बालक भी किसी उदास सुबह मरकर पड़ा होता है पब्लिक पार्क के पेड़ तले। एक और नचिकेता ऊँघ रहा होता है लालटेन की टिमटिमाती रोशनी के पास खोते चले जा रहे सपने में, तितली पकड़कर लौट आया होता है दारुण कार्य-व्यस्त चिन्तित यमराज के घर से। समय पसर गया होता है अनजान अतीत से अनजान अनागत तक। इत्ता-सा नन्हा दिल, किसी ने कहा जो था कि गिद्ध के एक पत्ता के लिए भी काफ़ी नहीं। लेकिन उसी में सारे भूचित्र, सारी घटनाएँ, सारा समय, सारे शब्द, सारी यन्त्रणाएँ समाहित रहती हैं।

> ''जीव की अल्प शक्ति
> शत युवती, एक पति।''
>
> (उड़िया भागवत)

कविता केवल जोड़ती नहीं। कविता अपने भीतर सबको अभिषिक्त करती है बड़ी खुशी से। अभिमानरहित स्नेह से बुला लाती है, लिवा लाती है जन्म-मृत्यु, हँसी-रुलाई, आँसू-लहू को, हृदय के शतदल में आसन लगाती है। सदा-आन्दोलित, नित्य-संघटित घटना को, अविच्छिन्न समय को, अनबोली

व्यथा को, अव्यक्त अभिमान को, अबूझ दुःख को, असम्पूर्ण उच्चारण को, अस्पष्ट छायामूर्ति को, अशेष मृत्यु को और अनुपलब्ध अन्तहीन यन्त्रणा को।

इसलिए इस संगीत का स्वर, इस अँधेरे की धूल
सभी हैं मेरे अपने ही स्वर
सारी रुलाई मेरी ही रुलाई है
अग्निशिखा और धुएँ की परिधि हूँ मैं
केन्द्र में हैं मेरे दुनिया की असंख्य वेदनाएँ ।

एक ओर वह अन्तरात्मा बिल्कुल निष्कम्प, निविष्ट, निर्विकल्प इलाक़ा है और दूसरी ओर अग्निशिखा तथा धुएँ का केन्द्र-बिन्दु । अधीर, अस्थिर आन्दोलित, पर स्थिर, समाहित, निर्लिप्त। वहीं जन्म लेती है कविता। सारे जन्म, सारे मरण, सारा समय, सारी घटनाएँ नये रूपों में निकल आती हैं, नन्हीं तितली की तरह सूखे शब्दों की केंचुली त्यागकर सारे जीवन के दुःख-शोक के बदले काव्य-पुरुष की नियत प्रार्थना तो इतनी ही है : मुखौटा उतार दे, परदा हटा दे। मैं देखूँ इन्हीं दो आँखों से उसी परम वांछित अर्थ को "क्यों आया हूँ मैं यहाँ, किसलिए ?"— बस उतने ही में है गूढ़ अर्थ। अन्तरात्मा, रोती रहती है। अन्तिम घड़ी से पहले, शायद सहसा एक झलक दिखे उसी अर्थ का मुखड़ा पा जाने की तरह लगेंगे सारी जिज्ञासाओं के उत्तर, सारी हँसी-रुलाई, सारे जन्म-मरण के कारण, सारे सम्बन्धों की आख़िरी बात।

निमन्त्रण भेजकर बुलाती है, अभिषिक्त ही ना करती है सबको हृदय के शतदल में; किन्तु भला कर ही क्या सकता है उसका काव्य-पुरुष, कविता उसकी ? अधमरी दूब को वैशाख के दावानल से बचा सकती है ? चातक की प्यासी चोंच में बूँद भर पानी टपका सकती है ? उठी हुई तलवार या चाकू को उनके खोल में लौटा सकती है ? रोक सकती है रास्ते की मार-धाड़ को ? सड़ रहे आनन्द की सुरभि बचाकर रख सकती है ? शोक में, सन्ताप में, क्षोभ में, यन्त्रणा से हाँफते-कराहते इंसान को सान्त्वना दे सकती है ?

शायद वह जानती है कि वह कितनी लाचार है। उससे अधिक और कौन जानता है उसकी लाचारी का इतिवृत्त ? लेकिन वह यह भी जानती है वह निरी लाचारी नहीं। वह सबका हाथ थामे रहती है, हर जगह मौजूद रहती है। यह सच है कि झण्डा उठाये, नारे लगाकर वह क्षण में समाज को बदलने का प्रहसन नहीं करती ; किन्तु जीवन को, मृत्यु को पहचानने में सहायता करके जीवन के नये-नये सपनों का आह्वान करती है।

नये रास्ते खोल देती है। पहले आदमी बनने, खुद को पहचानने के बाद ही वह नागरिक बन सकता है—ऐसा वह सोचती है। नहीं, वह अनुपस्थित नहीं रहती कहीं।

कौन-सी आस लिये
दिन-दिन भर, रात-रात भर
बस राह देखता रहता हूँ सबकी
कीचड़ और फूलों की आँखों से
जन्म-जन्मान्तर मेरा दीखता है साफ़ ।

मैं तो जन्म लेता हूँ क्षण प्रति क्षण
मैं होता हूँ हर्ष-शोक विमोहित समस्त भुवन में
मैं दाई हूँ चींटी के जापा-घर में
मैं मन मसोसे बैठा रहता हूँ
गेंदे की रोग-शय्या किनारे
मैं शववाहक हूँ
उस चिड़िया की अन्तिम यात्रा में
मैं नया जन्म लेता हूँ
खिलते फूल के उन्माद में
पहाड़ के उस पार डूबते चाँद के शोक में ।

मैं तो नित्य करता हूँ मृत्यु-वरण
रूपाजीवी गणिका के पश्चात्ताप और थकान में
घिसटते हुए चलते
केंचुए की लक्ष्यहीनता में ।

प्रत्येक अक्षर में है मेरा पुनर्जन्म
मरण मेरा प्रत्येक शब्द के कोण में
ध्वनित मेरा जीवन है
क्षण-क्षण उच्चारण में
स्वप्न और दृश्यों के सम्मोहित
सातवें आँगन में ।

(कविता का जन्म : दो)

बाहर के सारे दृश्य भीतर के अँधेरे में सूर्य के समान जलते रहते हैं । राह तलाशता रहता है, उपाय ढूँढ़ता रहता है उसका काव्य-पुरुष । आधिभौतिक, आधिदैविक, समस्त आध्यात्मिक यन्त्रणा का सत्त्व लिये वह समझेगी जीवन को और तलाशेगी समाधान। सबके पास खड़ी होगी, अति घनिष्ठ, अति आत्मीय स्वर में बोलेगी, जो कुछ उसने समझा है, जितना समझा है। शायद साथ साथ देखा हो सूर्योदय और सूर्यास्त ; मृत्यु, यन्त्रणा, आनन्द, जीवन—इन सबका सामना किया जा सकता है और प्रेम का एक ऐसा साम्राज्य गढ़ा जा सकता है जिसे, दैत्य-दानव तो दूर, स्वयं ईश्वर भी कभी चाहे तो तोड़ नहीं सकता, हिला नहीं सकता। इसीलिए तो काव्य-पुरुष का झगड़ा है, येट्स की भाषा में खुद से, अपनी अन्तरात्मा से ; और किसी से नहीं। दूसरे के साथ झगड़े से केवल रिटोरिक्स, स्लोगन जन्म लेते हैं, कुछ भर नहीं सकते, जो एक नज़र में शक्तिशाली तो लगते हैं, किन्तु वास्तव में वे निष्प्राण, अथर्व, पंगु हैं; जो जीवन्यास नहीं दे सकते, अमृत का स्वाद, आनन्द की झलक नहीं दे सकते। केवल दे सकते हैं मृत्यु का आलिंगन, हलाहल और विच्छिन्न निरानन्द का स्वाद; जो एक दूब को जिलाकर फूल तक नहीं खिला सकते, सिर्फ़ बढ़ा सकते हैं रेगिस्तान का इलाक़ा।

कविता निमन्त्रण देती है—आओ, एक बार देख लो उनका चेहरा, चाँदनी में पेव्हमेण्ट पर भूखे पेट सोये चार साल के एकाकी शिशु को, नींद में सोये एक और भूखे नचिकेता को। चेहरे से कपड़ा हटाकर एक बार देख लो हिंसा, ईर्ष्या, अकाल के शिकार अलीगढ़, नेली, अमृतसर, बेरुत, सहारा के असंख्य शिशु-वृद्ध, युवा-युवतियों के शव। यन्त्रणा के सारे चेहरे उठाकर देखो, इतिहास का सामना करो। शब्द केवल शब्द न बनकर मन्त्रित उच्चारण बने, यन्त्रणा से सराबोर गुमसुम उच्चारण बने, वही उच्चारण जो निरीह अंकुर के निकलते समय सुनाई पड़ता है सूर्य को, पृथ्वी को, पवन को—यह कहते हुए : "देखो, मैं आ गया, मुझे ले लो, उठा लो अपनी गोद में !"

और शब्द भिखारी बच्चे की शव-यात्रा में नन्हें बच्चों की तरह जाएँगे ; जाकर वैकुण्ठ के मुख्य द्वार पर जिरह करेंगे स्वयं विश्व-नियन्ता ईश्वर से—"क्यों होता है यह सब,...किसलिए ?"

हाँ, और कुछ न सही, कोई न कोई तो उसके बाद काव्य-पुरुष के पराजय और उसकी असमर्थता का सही कारण किंचित् तो समझेगा ही, अप्रतिभ हो, खुद को दोषी समझेगा, लजाएगा ।"

— सीताकान्त महापात्र

अनुक्रम

फेरि आसिबार बेळ (1991)
(रूपान्तर : राजेन्द्र प्रसाद मिश्र)

चढ़ेइ रे तू कि जाणु ! (1990)
(रूपान्तर : राजेन्द्र प्रसाद मिश्र)

काहाकु पुछिबा कह (1987)
(रूपान्तर : शंकर लाल पुरोहित)

कविता, फिर एक बार

किसी को कभी बचा नहीं पायी कविता
बारूद से, विस्फोट से
भाले की नोक से, बन्दूक से
अग्नि से, असूया से
पत्थर से, पश्चात्ताप से
शेर के मुँह से या सामूहिक हिंसा से।

जानता हूँ शब्दों में कोई जादू नहीं होता
उसके हाथों नहीं गलती दाल तक।

चिलचिलाती दुपहरी में कौवा बोलता है
सहजन के पेड़ पर
कविता उसी उत्क्षिप्त अपराह्न का चेहरा है
उसी के कपट पाँसे का अंश विशेष।

स्कूली बच्चों की किताब से
अधमरे चातक-सी
ताकती रहती है कविता।
उनके ऊँघते चेहरे
परीक्षा के समय की अद्‌भुत थकान
टिमटिमाते लालटेन की बगल में।

ठण्डा खाना बनी पड़ी रहती है कविता
खाने की गन्दी थाली में
विद्वान आलोचकों के छुरी-काँटे
पकड़े हाथों तले।

कभी-कभी मन करता है
समेटकर फेंक दूँ
इन सारे अर्थहीन, असमर्थ शब्दों को
इतिहास के कूड़ेदान में
वहीं खो जाएँ वे
मोहनजोदड़ो, मुगल साम्राज्य
दादा जी की छड़ी, टूटे खड़ाऊँ और
दादी माँ की आँखों से एकाकार हो
विराजती केवल शब्दहीनता।

अग्नि-उत्सव में वे लोग
जलती सनई लिये
पूर्वजों को पुकारते थे :
आओ, अँधेरे में आओ
उजाले में लौट जाओ।

तुम जो कभी यहीं थे
इसी उजाड़ शहर में
इसी जले गाँव में
जली फसल की क्यारियों की मेंड़ पर
होमकुण्ड की अक्षम मुँडेर पर
यदि तुम्हारी आत्मा आज
इस घने अँधेरे में लौट आये
किसी की आतुर, पर निर्लज्ज पुकार से
तो फिर आज
ये चन्द शब्द ही
सनई की आग बन
तुम्हारे ही लौट आने की राह को
किंचित् आलोकित करें।

□

मत पूछो मुझसे, प्रिय मित्र

मत पूछो मुझसे
सदी तारीख़ और सन् की बात
मत पूछो सूर्यास्त, मेघ, ओस
दोस्त, परिजन, देश, इतिहास की बात।

रास्ते भर कबन्ध
सड़े-गले शव, खून से सने चाकू
रक्त का झरना खो जाता है कीचड़ में
टकराता है अन्धे इतिहास और चट्टानों से।
पूरे रास्ते रक्त की होली, रक्त की लहरें।

कल नहीं होता स्मृति बिना
कल नहीं आशा, स्वप्न
आकांक्षा और प्रतीक्षा के बिना।

फिर भी मैं घर-घाट
सो रही पत्नी और पुत्र को
छोड़कर नहीं जा पाया हूँ घने अरण्य में
मेरी तपस्या है खिड़की के निरंजन-तट पर खड़े हो
चुपचाप आकाश की ओर देखना...
कापुरुष अमृत-सन्तान मैं
रोया हूँ युगों से युगों तक।

बस इतने में
हिलकर उलट जाती है रात फिर एक बार

किस एकान्त अनजाने स्वर से
फिर से डूब मरती है सत्ता मेरी
नयी शब्दहीनता के अथाह जल में।

मत पूछो मुझसे
क्या है सुबह की प्रार्थना
या साँझ की विदाई और स्तुति,
मत पूछो
वसन्त, आम्रमंजरी और कोयल
फिर से आ पहुँचे या नहीं,
हमारी निरन्तरता का उद्घोष
फिर एक बार चैती हवा में
होता है या नहीं।

मत पूछो मुझसे, प्रिय मित्र
दुःख का रंग कैसा है,
लोहे का स्वर क्या है,
कैसा है यन्त्रणा का स्थापत्य
कितने युगों, कितने मन्वन्तरों से
सो रहे हैं मेरी हड्डियों में
सारे क्षोभ, सारे विषाद !

□

श्रुति

भगवान से बढ़कर हैं तेरे खयाल
माँ से बढ़कर है तेरा स्नेह।

तेरी प्रतीक्षा में है मेघमाला
तुझे भिगोने को, सिहराने को,
प्रतीक्षा में है चिलचिलाती दुपहरी का सूर्य
तुझे चमकाने को ;
प्रतीक्षा में हैं सारे शिखर
तेरे पैर पड़ने की;
प्रतीक्षा में है पूरा महोदाध
मन्थित होने को।

प्रतीक्षा में है माँ वसुधा
नदी-नाले पशु-पक्षी कीट-पतंग...
तरु-लता-गुल्म से भरपूर अपना घर
तेरे ही लिए खोल रखा है;
इतने सुन्दर, निष्पाप, निरपराध
घर के सारे कमरे, सारे आँगन
तेरे खेलने नाचने कूदने के लिए;
प्रतीक्षा कर रहे हैं
ग्रह नक्षत्रों को जानेवाले यान
मेरे बचपन की बैलगाड़ी की तरह।

अरगनी में प्रतीक्षारत हैं
सूर्यास्त, सूर्योदय और ऋतुचक्र के

सभी रंगों की साड़ियाँ और फ्रॉक
तेर ही अंगों का आवरण होने को;
असंख्य बेला
तेरे जूड़े में सजने को।

बहुत दिनों का रिहर्सल समाप्त कर
प्रतीक्षा में हैं जग की सारी चिड़ियाँ
सिर्फ एक संकेत से
तरह-तरह के नये सीखे
ऑर्केस्ट्रा, राग-संगीत तुझे सुनाएँगे
प्रतीक्षा में शरद्-शशि, नक्षत्रमाला
तेरी आँखों से आँखें मिलायेंगे।

सब को करनी होगी प्रतीक्षा
अभी तो हैं तुझे तरह-तरह के काम
थिरकते पैरों से अस्थिर अँगुलियों से
सुनारी-फूल चुनना
गेंदे की एक-एक पंखुड़ी नोचना
उड़ती चिड़ियों को गर्दन घुमाकर देखते-देखते
कचाड़ खाकर गिर पड़ना,
बेचारी गुड़िया को
अहेतुक ही करुणा से सहलाकर
गोद में लिये जगह-जगह रखना
और दूसरे ही पल
किसी अनजान-सा फेंक देना।

भगवान से बढ़कर तू निर्माया है
भगवान से बढ़कर तेरी ही माया है।

□

शरद्

साफ कर रहा है शरद्
युद्धक्षेत्र का मटमैला पानी
समाप्त हो गया है युद्ध
समाप्त हो गया है मन्त्रपाठ
हो चुका है महिषासुर-वध
देवी की मर्त्य देह, मिट्टी-पुआल का ढाँचा
पड़ा है नदी-किनारे धूप में
शान्ति-समझौते के स्वर
मँडरा रहे हैं
पवन में आकाश में
काँस-फूल झूल रहे हैं
आनन्द से, आवेग से।

राह भूलना आसान है शरद् में
सच है कि बादल नहीं आते अँधेरा करके
सच है कि धूप दाँय-दाँय नहीं जलती
किन्तु राह नहीं दिखती
युद्धक्षेत्र की नयी शब्दहीनता में
आत्मा के धुँधले प्रकाश में;
शरद् में राह बदलकर
नदी पार करते समय
दूर गाँव जाते साँझ के राहगीर-सा
राह पूछनी पड़ती है
नील कोहरे की परतों से
निर्लिप्त रूप से उड़कर जाती

चिड़ियों के समूह से
नदी की नन्हीं-नन्हीं असंख्य लहरों से
सीने की अबूझ धड़कनों से
अवर्तमान छायारूपिणी, भ्रान्तिरूपिणी देवी से

□

पुनर्जन्म

कल रात बारिश हो रही थी
कमरे की खिड़की खुली रख वह आदमी एकाकी
अँधेरे में बारिश देख रहा था।

सामने बगीचे के पेड़-पौधे
घनघोर बारिश में भीगे खड़े काँप रहे थे
रह-रहकर बेसब्र बिजली की चमक में
दिख जाता था
आकाश का थुलथुला काला मुखड़ा।

घोर बारिश हो रही थी,
उसने अपने बचपन के गाँव किनारे
नदी पार करके स्कूल जाने के लिए
अकेले ही प्रचण्ड प्रवाह में नाव खोल दी
बचपन की तरह;
हाथ से उसके छूट गयी पतवार
प्रवाह के साथ
बह चली नाव उसकी।

नाव के इस छोर पर वह स्वयं, और
दूसरे छोर पर
देवी-प्रतिमा नारी मुस्कराती हुई
निहार रही थी उसकी ओर
उसी मृदु मुस्कान में
बहा चला जा रहा था वह

जन्म-मृत्यु के अथाह सागर में;
अपने प्रथम यौवन के
कदम्ब, केतकी, बेला और हिना की महक
एक साथ पहचान रहा था वह।

बारिश हो रही थी।
अँधेरे के अथाह जल में
एक नाव बही चली जा रही थी
निस्संग जीवन बन।
शेष हुई आरती
बुझे दीये की गन्ध ने
घेर रखा था उसे चारों ओर से
किन्तु उठ बैठने के लिए
उसके बुढ़ापे का
नहीं था अब भरोसा।

सहसा नींद खुलने पर
अब भी हो रही थी बारिश प्रलय-सी
काँप रहे थे पेड़
पहले की तरह भीगे खड़े
पर वह आदमी एकान्त कमरे में
नहा चुका था पसीने से
खुली थी खिड़की पहले-सी
अगले जन्म के लिए।

□

समय

वर्ष माह दिन पहर पल
ग्रीष्म वर्षा शरत् हेमन्त
ऋतु चक्र के हैं ये सब खेल,
कहाँ चला जाता है समय
किस अँधेरे में, किस शून्य में ?

समय नहीं जाता कहीं
सवार रहता है उस पर हमेशा
एक अद्‌भुत भय, डरते-मरते
वह उन सारी चीज़ों और
विचारों में ढूँढ़ता है आश्रय
पत्थर में, नक्षत्र में, पत्ते में, बीज में—हर जगह।

समा जाता है समय पेड़ में
बन जाता है उसका अन्तःस्वर
वर्ष प्रतिवर्ष की एक-एक लकीर;
समा जाता है समय कोमल पत्ते में
पड़ जाता है पत्ता पीला, झड़ जाता है ;
समा जाता है बीज में
फिर बीज बनता है द्रुम।

समा जाता है समय
खुले जूड़े के काले बादलों में
बन जाता है श्वेत चँवर
या घुस जाता चिकनी चमड़ी में

चमड़ी हो जाती है करुण श्लथ;
आश्रय ढूँढ़ता है समय
टिमटिमाते नक्षत्र में
नक्षत्र घुल जाता है
महाशून्य के अँधेरे में।

क्षणों के घास-फूस भर-भर चोंच लाकर
बनाता है घोंसला समय हमारे ही भीतर
बन जाता है स्मृति
कराल नख-दन्त से छिन्न-भिन्न कर
समा जाता है समय स्मृति के घोंसले में
बन जाता है विस्मृति।

□

माँ

बुलाते-बुलाते जरूर थक जाती होगी वह
लेकिन शरत्-शशि
एक बार भी
मेरे हाथ में, उसके कान्हा के हाथ में
नहीं गिर पड़ता।
बल्कि हमेशा दिन प्रतिदिन के
धूमिल अँधेरे ने
सब कुछ ढँक रखा है चारों ओर
रास्ता-घाट नहीं सूझते
एक-एक डग बढ़ाना पड़ा है टटोल-टटोल कर।

अब जब आसन्न साँझ की
धुँधली रोशनी में मैं देखता हूँ
दीखती हैं उसी की प्राचीन सूनी कलाई
पतले-पतले हाथ,
मलिन चाँद-सा चेहरा—सूख चुकी झील-सा,
ढेर-सा लाड़ करने वाले फटे होंठ,
मन्दिर की पताका-सा है अभयदायी आँचल।

बूढ़ी उम्र में भी हूँ मैं उसका कान्हा
उठा लूँ क्या गोद में उसी चाँद को
परोस दूँ सहेज कर रखा
सारा स्नेह, सारा आदर !

□

जाड़े की साँझ

शंख, तरह-तरह की सीपियाँ
बेचते बच्चे,
सब को अपने अथाह भण्डार की
थाती बखानता चनाचूर वाला,
स्मृतियों में डूबते-उतराते
पके आम-से कई बूढ़े,
एक-दूसरे में खोये नव-दम्पती
हँसते-खेलते झुण्ड के झुण्ड कॉलेज-छात्र
सभी जा चुके हैं जिसे जहाँ था जाना
खाली कर, सौंप कर
प्रशस्त समुद्र किनारा :
शाम को टहलने निकले हल्के बादलों को
शून्य में पैंतरे भरती अस्थिर चिड़ियों को
और हमेशा चतुर खेल में मस्त
लाखों नन्हे केंकड़ों को।

□

कृष्ण-लीला

अधउड़ी फूस की मड़ैया से
टिमटिमाती ढिबरी की रोशनी से
पखाल[1] के बासन, साग की भुज्ञी और
निरानन्द साँझ से
पैर खिंचे चले जाते हैं
यमुना किनारे कदम्ब के नीचे
चाँदनी का ज्वार, झीने वस्त्र
पट-पीताम्बरी, पीत वसन
दूध मलाई मक्खन मोर-पंख की ओर।

दिन-सी बीतती है हर रात
गाँव किनारे अमराई में पेट्रोमैक्स बुझता है
दिन के निर्दयी प्रकाश में भी
नदी की रेत पर
चाँदनी-फूल का चाँद होता है
नदी के घाट पर गाँव की बालाओं की
पानी भरते समय की ध्वनि में
सुनाई देता है
बाँसुरी का स्वर।
सारे सहजन के पेड़, नारियल के पेड़
बन जाते हैं कदम्ब के पेड़
टँगे होते हैं उन पर
गोपिकाओं के अंग-आवरण।

---

1. पानी मिला भात

रतजगे के कारण ग्वाल-बाल
सो रहे हैं नदी की रेत पर
आकाश की ओर मुँह कि ये,
निर्जन नदी किनारे
करता रहता है गुटरगूँ
एक कबूतर।

□

चूल्हे की आग

न जाने किस अनन्तकाल से
जलाये बैठे हैं अपना चूल्हा सूर्यदेव
बेसुध घने ठिठुरन भरे अँधेरे में
वहीं से इत्ती-सी आग ले
माँ वसुधा ने
उपजाये हैं कितने स्नेह से, चाह से
पहाड़, नदी, पहला जीवन-स्पन्दन
महाद्रुम, पशु-पक्षी, गुल्म, लताएँ।

माँ वसुधा से रत्ती भर आग
माँग ली है ऋत्विक् ने
यज्ञकुण्ड में किया है आह्वान
अपरूप सुन्दर स्वयं अग्निदेव का;
उन्हीं के आशीर्वाद से
मेघ ने दिये हैं श्यामल शस्य।
अन्न में सनसना उठी है
रक्त-माँस के शरीर की तोतली बोली
जड़ पसारे है आत्मा की अस्फुट, गोपनीय भाषा।

छप्पर-उड़े, टूटे-फूटे घर में
माताओं ने जलाये हैं चूल्हे
अग्नि-संगीत से उसी के पास
सो गयी है पुस्सी बिल्ली
भूख दुगुनी करते
खदबदाकर खौल उठे हैं चावल,

उसी चूल्हे किनारे संस्कृति ने तापी है आग
कठोर हुई है, कोमल हुई है;
मनु-सन्तानों ने हाथ बढ़ाकर
छुए हैं तारे, छुए हैं चाँद।

अब तुम लेकर आग उसी चूल्हे से
मत फैलाओ दावानल,
ऊँची-ऊँची लपटों में धधकाकर
मत जलाओ पल झपकते
गाँव, कस्बे, मन्दिर और मस्जिद
विश्वास की विरासत
आकाश और पाताल।

□

रास्ता

सुनसान रास्ता देखने से लगता है मानों वह
मेले में खोया बच्चा है, ढूँढ़ रहा है किसी को
लगता है उत्पत्ति-स्थल है जो खो गया है कहीं पीछे
लगता है लक्ष्य स्थल है जो शायद कहीं आगे है
लगता है ढूँढ़ रहा है खुद को, अपनी लक्ष्यहीनता को।

रास्ता ज़रूरी है
कभी मुक्ति की तलाश में
दुःखदायी संसार से, अनगिनत पीड़ाओं से
और कभी नन्ही चुहिया की तरह भागने को
मृत्यु के कलूटे-बिलाव के खुले मुँह से
भय का चाबुक खाकर, भूख की ताड़ना सहकर
हाड़-माँस के पिंजरे के दुर्जेय दुःख से।

सभी तलाशते हैं रास्ता अपने-अपने ढंग से :
मिट्टी तले केंचुआ, समुद्र में कोलम्बस
जिद्दी शब्दों के घेरे में कवि
चक्रव्यूह में अभिमन्यु
तरह-तरह की यातनाओं गें बुधिया नाई
बोजि-तले बुद्धदेव
नीले अँधेरे के शून्य में एकाकी नक्षत्र।

साँझ के आकाश में घर लौटती चिड़िया
रास्ता, रास्ते के मील के पत्थरों के निर्देश नहीं ढूँढ़ती चलती ;
आनेवाले कल की यात्रा के लिए संकेत नहीं छोड़ती ;

बल्कि बनाती चलती है रास्ता डैनों के कम्पन से
मिटाती चलती है रास्ता शून्य-नीले सिलेट पर।

लगता है रास्ता हर जगह निरन्तर विद्यमान है
पर रास्ता कहीं भी नहीं
हर स्थान शून्य स्थान है,
रास्ता कहीं नहीं।

और कभी लगता है
पंख झाड़ते ही रास्ता है
डग बढ़ाते ही रास्ता है
मन का चौखट लाँघते ही रास्ता है
कोई शब्द कहते ही रास्ता है।

रास्ता तो बस समय की परछाईं है
पल भर में
शून्यता में ही घुल जाता है ओस की तरह
रास्ता जो स्वयं ही एक अशरीरी राहगीर है।

रास्ता महाशून्य को,
बूँद का साष्टांग प्रणाम, विनम्र निवेदन है
रास्ता महाकाल को
क्षणों की अंजलिबद्ध पुष्पांजलि है।

□

पहली छुअन

पहला अहसास
विकल्प नहीं उसका।

वह अहसास प्रेम हो, प्राप्ति हो
वैराग हो, विरह हो
यन्त्रणा हो, अनभूला स्वर्ग हो
पश्चात्ताप हो, सघन पुलक हो।

कहाँ है उस अँगुली की
पहली छुअन की पहली महक ?
बारिश से मिट्टी भीग गयी थी उतने में ;
सारे तारे, चाँद, सूर्य भरकर गोद में
उतर आया था आसमान नीचे उतने में;
समुद्र लाँघने को तट आतुर था उतने में
अमृत-कण छितरा गये थे, उतने में।

अब तो सुदीर्घ मास वर्ष तक
आसपास, आँखों में आँखें, चेहरों में चेहरा
हाथ थामे टुटहा पुल
दुर्गम रास्ता संसार
खुद को संसार को समझने की कोशिश में
निर्जन, शब्दहीन असंख्य हैं प्रहर।

अभ्यास की धूल है अब चारों ओर
कभी स्मृतियों की आरामकुर्सी में

कभी सपनों के हिंडोले में
कभी झंझटों के पिंजड़े में
तो कभी थकान के बिस्तर पर
दो प्राणी।

कैलेण्डर के निर्जन भोंथरे पहाड़ की तलहटी में
सूर्यास्त, घर लौटती चिड़ियाँ
समय बीत जाता है
बीत जाता है समय
उस पहले अहसास की
यादें कुरेदकर।

कभी अपरिचित राज्य की राही
ये अँगुलियाँ अब निस्तब्ध, खामोश हैं
मन मसोसकर।

□

पिता, स्वर्ग

सारे कर्मों से जुड़ी थी
बस वही एक चाह :
स्वर्ग।

दुर्गामाधव बोले बिना
घर से बाहर पैर नहीं धरते
दरवाजे से
खाली हाथ भिखारी नहीं लौटेगा
ब्राह्म मुहूर्त में स्नान तर्पण गीता-पाठ ध्यान
उगते सूर्यदेव को
भर अंजुलि पानी, प्रणाम ;
मेरे बचपन के भोर की मीठी नींद में
मिल जाता था
उन्हीं के घरघराते गले का प्रार्थना-स्वर।

बरसात के कीचड़ भरे गाँव के रास्ते में
सौदा का थैला लिये
दुकान से लौटते व्यक्ति ने
याद किया होगा देवता का चेहरा
नन्हे बच्चे की मुस्कान-सा
अँधेरे आकाश में तारे-सा ;
छप्पर-उड़ी पाठशाला में
सामने छड़ी रख
बच्चों को सबक सिखाते समय
ब्रह्मा विष्णु महेश ही पूरी पाटी में दिखे होंगे
घर के तमाम जंजालों की चोट

कपटी संसार-जाल;
इन सबको लाँघ
वही अनन्त मायावी सपना
शून्य में पसरा होगा
बादलों तक, बैकुण्ठ तक
और हाथ के इशारे से
'चले आओ, चले आओ' कहकर
कितना बुलाया होगा !

स्वर्ग का स्वरूप
क्या था उनके मन में ?
शायद कोमल एक नदी
बारिश की आशीष धारा
कनेर मधुमालती केतकी
घने जंगल में
एक मन्दिर और आरती का स्वर
रोग यन्त्रणा रहित
एक सरल पृथ्वी।

और देवतागण ?...
दीर्घ, शुभ्र देह, लम्बी नाक, हाथी-कान
फक्क सफेद धोती और कुर्ता
मस्तक पर चन्दन और आँखों में सपने।
पुरी स्वर्गद्वार की गीली रेत पर
अग्निदेव के काँपते हाथों में
उन्हें सौंप देने के बाद
न जाने वे कहाँ गये
मालूम होगा तो स्वर्ग में रहनेवाले
उन कपटी देवताओं को ही होगा।

□

पदचिह्न

कहीं किसी के नहीं रहते पदचिह्न।

न समुद्र की रेत पर
ढुलमुल पैर नन्हें बच्चे के
न इतिहास के पन्ने पर
महाप्रतापी महामहिम सम्राट् के ;
न जीवन के असंख्य हताश दिनों में
अशान्त आर्त हृदय के
न मृत्यु के संक्षिप्त क्षणों में
अचल सहमे तड़पते प्राण के।
न हँसी के फव्वारे में
रुँआसे रंग-बिरंगी पोशाक पहने जोकर के
न रुलाई के ज्वार में डूबते-उतराते
हँसमुख चेहरे दुःसाहसी जीवन के।

पदचिह्न तो हैं
सिर्फ़ आविष्कार के लिए
अपरिचित, अनजान और विस्मयों के ;

पदचिह्न तो हैं
उद्घाटन के लिए
नयी अबोधता, नये अँधेरे के ;
पदचिह्न सिर्फ़ समाप्ति के लिए
पुरातन यन्त्रणा और पुरानी स्मृति की।

□

स्नोइ और टगर-फूल

तेरी अप्रत्याशित सारी सेवाओं
प्रार्थनाओं और मिन्नतों के बावजूद
स्वाधीनता दिवस पर ही खून रिसा-रिसाकर
मूँद लीं आँखें प्यारी कुतिया ने।

आयी थी घर में वह
तेरे पिता की तमाम अनिच्छाओं के बावजूद
ख़ासकर तेरी ही ज़िद्द से।

धीरे-धीरे उसकी अद्भुत माया ने
कर लिया वशीभूत सब को
बाँध लिया मजबूत डोरी से पालतू मनुष्य को,
आखिरी दिन की असंख्य शरारतें उसकी
खेल-कूद-भरा स्वभाव, अपूर्ण मातृत्व
सब कुछ उन्हीं निर्लिप्त बुझती जा रही
दोनों आँखों में इकट्ठे थे
बेइन्तिहा इतिहास बन।

दफ्तियों से बने जापा-घर में
आँख न खोले अपने दोनों बच्चों को
पहचान लिया था उसने
ऊष्म भात की महक की तरह।
उसके अगले दिन एक के मर जाने पर
वह कुछ ढूँढ़ती रही काफ़ी देर तक
पूरे जापा-घर में,

विस्तृत कमरे की दुनिया में
चारों ओर सूँघती रही, फिर शान्त पड़ गयी
शायद सोचा हो
उसने जना था एक ही बच्चा।

ठीक हमारी ही तरह उसकी भ्रान्ति
सुबह के कुहासे में मानो
मृत्यु की परछाईं, विस्मृति।

सिर-चटकाते भादों की धूप में
कब्रों से भरी दिल्ली की मिट्टी में
हम बाप-बेटे ने कब्र बनायी थी उसकी
टगर का पौधा रोप दिया था उस पर।

उस पौधे की जड़ें
निश्चित ही उसके हृतपिण्ड, उसके खेलकूद-भरे स्वभाव
और निर्लिप्त आँखों की खुली पुतलियाँ भेदती
भीतर गयी होंगीं
वरना ठीक उसकी आँखों-जैसे
वे टगर-फूल
मेरी ओर क्यों ताकते रहते एकटक
स्नेही लोभ से !

□

आधी रात

आधी रात होते ही
किसकी दबी-दबी-सी रुलाई
सुनाई देती है मुझे
ज़रा ध्यान से सुनने पर !
किसका रुआँसा चेहरा उभरने लगता है
अँधेरे के परदे पर
जिधर भी देखो !

फूल की पंखुड़ियों में,
पत्तों के हिलने में
सुनाई देता है मुग्ध स्वर उसका
सुनाई देता है स्वर तारों और चाँद में
सुनाई देता है
मेरी अँधेरी कोठरी के हरेक कोने में
सुनाई देता है
बादलों तले खोये सुदूर क्षितिज में
वे स्वर हैं मेरे जाने-पहचाने और
अनजान अनेक लोगों के
जो बिला गये हैं कब के
तारों की तरह सुबह के आकाश में।

असंख्य नक्षत्र और आकाश-गंगा
ग्रह नीहारिकाएँ सब उलाँघ
कुआँ-कुआँ रोने का रुद्ध स्वर
फैल जाता है धीरे-धीरे

समस्त आकाश पवन में
मानों और कोई सत्ता ही न हो
सिवाय उस स्वर के
समग्र आकाश, सारी धरती और नभ-मण्डल
पशु-पक्षी, नर-नारी और कीट-पतंग
डूब जाते हैं सभी बारी-बारी से
उस रुलाई के ज्वार में एक-एक कर।

वह स्वर है
क्या नभचारी तारों नक्षत्रों का ?
आँसुओं से धुली निरंजन
काँटों भरी, आमोदित मेरी ही आत्मा का ?

कानन से लौटते
कान्हा की बाँसुरी सुनने को
व्याकुल माता यशोदा-सी
सदा कान लगाये रहती है
वह स्वर सुनने को
तृषित आत्मा मेरी।

□

हरसिंगार का स्वप्न

न होती है चिन्ता न परवाह
हाथ की पहुँच वाली टहनी पर मुस्कराता है
खिलखिलाकर चाँद-सा
खेलता रहता है
हवा, भौरे, चिड़िया सब के साथ।

खेलता तो रहता है
पर ध्यान से देखें तो लगेगा
खोया हुआ है वह किसी और दुनिया में
किसी अज्ञात स्वप्न की मादकता
जैसे छायी हो उस पर।

क्या है वह स्वप्न ?
नक्षत्र ? निर्वाण ?
काली रात, काला भौंरा, काला चाँद ?

रात बीत जाने पर
पूरी रात पकड़कर लाये
नन्ही चिड़िया की तरह रोते-रोते
सुबह मुक्त हो जाता है वह
टहनी के आश्रय से।

रात बीत जाने पर
उसके स्वप्न का,
उसकी अन्यमनस्कता का

इतिवृत्त समझ में आ जाता है
नक्षत्र नहीं निर्वाण,
क्यों ताकता रहता है वह
धूल की सेज की ओर
खिलता है जिस दिन से।

स्वप्न नहीं उसका सुदूर आकाश
स्वप्न नहीं ज़िद्दी चिड़िया या
पागल भौरे की प्रीत
अधीर हवा की पुकार, अन्तहीन रास;
स्वप्न है उसका सारा प्रेम,
सारी हँसी-खुशी पीछे छोड़
टहनी से विदा ले
धूल की सेज पर झड़ जाना
बिन बोले एक शब्द तक।

□

चाँदनी में गाँव का श्मशान

नदी की गूँगी रेत पर
लहरा रही है चाँदनी निःशब्द

सब-कुछ चुपचाप सुनसान निर्जन
यहाँ तक कि बावले पवन ने भी
साध ली है चुप्पी सहसा।

मानो चाँद, आकाश और गूँगी रेत की तरह
उसने भी डेर रखे हों कान
सुनने को बाँसुरी का स्वर
किसी के क़दमों की आहट आवाजाही के।

लगेगा अभी ही तो थे सभी
क्षण भर पहले यहाँ
कहाँ ओझल हो गये परछाइयों की तरह;
फिर क्षण में,
किसी भी क्षण
परछाई-सा, अशरीरी पवन-सा कोई आयेगा
कुछ बातें करेंगे रेत और पवन।

लगेगा तुम हो युधिष्ठिर
न जाने कितने पीछे रह गये हैं
पतली धुन्ध तले
हस्तिना, मथुरा, द्वारिका
नदी किनारा, किसी सपने-सा गाँव और
सोया हुआ घर
बूढ़ा, बूढ़ी, बीमार पत्नी, बाल-बच्चे,

रोग, क्रोध, यन्त्रणा
वही सूक्ष्म मायाजाल हमेशा-सा।

आधे रास्ते गहरे खेत में, बालू पानी किनारे
सो गये सहसा अपने भाईबन्धु, प्रिय पत्नी
सामने चाँदी से भी शुभ्र हिमालय
अपना एकमात्र सत्य है अब सामने
एक ही दिगन्त ।

फिर लगेगा
सचमुच यही है कुरुक्षेत्र
अनगिनत स्वप्न और असंख्य आशाएँ
लाखों क्षोभ, सन्ताप, ढेरों हताशाएँ
मँडरा रही हैं उन सब की विदेही आत्माएँ
झीने कोहरे में
खामोश है वह चाँदनी-सा
विलाप के सूक्ष्मतम स्वर हैं
हाँफते, संतापित कई वैधव्य के।

फिर छिन में
देखते-देखते लगेगा
यही तो है वैकुण्ठ
देव, देवी, अप्सरा, रम्भा, मेनका, उर्वशी और
ब्रह्मा, शिव, इन्द्र, चन्द्र, स्वयं विष्णु
स्वरचित माया, सुरभित चाँदनी में
समा गये सहसा
लगेगा कि वैकुण्ठ का दूसरा नाम है निर्जनता
जिसे अगोरे हुए बहती है
स्मृति और समय की नदी।

□

बरसात की सुबह

आया है बरसात का मौसम
घनघोर बरसाती मौसम
बज रही बादलों की दुन्दुभी
काँप रहा है सवेरा।

फाटक की नीली नामपट्टिका से
मिट चुके हैं सफ़ेद अक्षर कई
छुलकर बारिश की मुलायम अँगुलियाँ बारम्बार
है मौसम बरसात का।

भीगकर जाता है स्कूल बच्चा एकाकी,
बन्द हैं किवाड़, खिड़कियाँ सारी, जबकि
राह किनारे के सभी घरों की
जैसे कहीं नहीं कोई अनन्त काल से
मानों बारिश के ख़ौफ से
हो गये तितर-बितर सभी
सुन पड़ती है कौंध बिजली की
घटाटोप बादलों के लोहारख़ाने से।

हैं कौन घर में सोये हुए
उदास माँ-बाप ? निश्चिन्त समय ?
गाढ़ी काली मौत का ख़ौफ ?
निरख घने बादल मौत के समान
बरसात का मौसम देख
बच्चे का मन और मौत हैं दोनों बेचैन।

छुट्टियाँ खत्म हुई हैं बच्चे की
आ गया है वक़्त समझने का
होते हैं सारे सुख खत्म एक दिन
अब आयी है बरसात
है मृत्यु लम्बी छुट्टी पर
सुदूर परदेश में
चाहता है विरही जीवन खो जाना चुपचाप
बादलों के शुभ्र मल्हार करुण राग में।

सपना अपने आप आकर पकड़ जाता है
राह भूली तितली बन
इस एकाकी बदरारी लग्न में
क्या सोच उठते हो तुम
इस्तरी करते हो पोशाक मेरी और टाँग देते हो
(मानो वाकई दूसरे जन्म के लिए)
साफ़-सुथरे कंकाल की अरगनी पर।

□

आकाश

पेड़-पौधे, गाँव-द्वार मिलकर
सुदूर है जो नील दिगन्त
उसी पर कभी एक थके हारे पथिक-सा
कभी उतावले प्रेमी-सा
झुका होता है जो
उसी का नाम है आकाश।

गहरे खेत के एकाकी ताड़ वृक्ष को
इतनी सुन्दर शून्यता के फ्रेम में
बाँधे रखता है जो
माँ यशोदा बन
बाल कृष्ण को
भींचकर अपनी गोद में
उसी अनभूली स्नेहमयी
विभूति का नाम है आकाश।

सन्‌सन्‌ शून्य छाती पर
अकेले घर लौटते निर्जन
कतार के कतार, झुण्ड के झुण्ड
पक्षियों को उड़ा देता है,
हँसाता है, रिझाता है, नचाता है
रंग-बिरंगे बादलों को,
पल में घुप्प काले बादलों की छाया में
नचाता है मोरों को, रुलाता है प्रेमियों को
सिन्दूर के टीप-सा धाप देता है

सारे सृष्टि के जनक सूर्यदेव को,
ब्रह्मचारी के ललाट पर चन्दन के टीके-सा
पूनो के चाँद को,
राह छोड़ देता है चौतरफा
अधीर हवा के लिए
उसी सज्जन जादूगर का नाम है आकाश।

हर जगह होता है
सैकड़ों जलघट में, गोष्पद सलिल में
निर्जन सिन्धु में, छलछल ओस की बूँदों में
हालाँकि कब नहीं था—कहाँ नहीं होता
उसी अन्तिम अनुपस्थिति का नाम तो है आकाश।

कार्य और कारण का,
जन्म और मरण का क्रीतदास
पग-पग पर हँसी-रुलाई,
हानि-लाभ कर्मवश
देखता हूँ मैं शून्यता को
और पूछता हूँ
आत्माराम, शून्यमय ओ निरंजन
बनूँगा नहीं क्या मैं कभी
आकाश ?

□

कविता का जन्म

जीव की अल्प शक्ति
शत युवती एक पति (उड़िया भागवत)

एक :

इतने सपनों के लिए रातें कहाँ
दिन कहाँ इतने दृश्यों के लिए ?
खड़ा रहता है पेड़ अपनी जगह
लक्ष्मण रेखा लाँघ जाता नहीं कहीं
नये पत्तों, फूलों में सुनाई देती है हँसी उसकी
पतझड़ में रोता है धाड़ें मार-मार।

जड़ें उसकी अँधेरे में सगरपुत्रों-सी
ढूँढ़ती रहती हैं कुछ काली मिट्टी कुरेदती
सुनसान हवा और आकाश में अँगुलियाँ
ढूँढ़ती रहती हैं कुछ टोह टोहकर।

कितनी सुन्दर चिड़िया
न जाने किस देश से उड़कर आती है
गीत सुनाई देता है उसका दिन भर
कोमल सुबह और करुण साँझ को
फिर क्या होता अहा,
वह कहाँ उड़ जाती है !
पेड़ रटता रह जाता है गीत उसका
काश ! एक बार लौट आती वह बातूनी
उसकी राह तकते-तकते

पत्ते झड़ते चले जाते हैं
छाल भी मोटी होती चली जाती है
दिन बीतते चले जाते हैं।

मैं तो उस पेड़ का साथी हूँ बचपन का
उसकी जड़ के अँधेरे अतल का
अभिशप्त साहसी जीवनचर्या
मेरी शिराओं के रक्त-प्रवाह में
आकाश के मौन में
व्याकुल हताश उसाँसें उसकी
बजने लगती हैं
मेरे प्राणों के प्रत्येक परदे में।

जी करता, सब छोड़ छाड़
कन्धे पर लादकर ले जाता उसे
जैसे शिव की गोद में सती,
सब-कुछ दिखाता उसे।

पहाड़ समुद्र नदी गाँव
रोग शोक जरा व्याधि जन्म मरण
रंग-बिरंगी चिड़ियाँ
तरह-तरह के उन्माद-भरे सपने
दृश्य के बाद दृश्य कई
दिन के बाद रात और
रात के बाद दिन, फिर दिन।

दो :

गौरेया से मिला अचानक
कैस्पियन सागर किनारे
फुर्र से उड़कर आती है,

मेरी अर्थहीन बातों में घोंसला बनाती है
किचिर-पिचिर करती है।
मेरे सूखे शब्द उसी में
आषाढ़ के बादलों की तरह झुक जाते हैं
रस और अर्थ के बोझ से
मेरे दुःख का बोझ उठाकर
अपने नन्हें डैनों पर रखती है
लगता अगले ही क्षण
दुलरायेगी वह मुझे शायद
मुग्ध हो देखती मेरी आँखों की ओर
और सहसा पूछती—
"निश्चित ही नहीं पहचानते ;
मैं हूँ परनतनी
उस गौरैया की जो तुम्हारी सहेली थी
तुम्हारे गाँव की फूस की कोठरी में,
ऊपर से तिनके और फूस
जान-बूझकर गिराकर और
तरह-तरह से नृत्य करके
तुम्हें अन्यमनस्क करती थी
यहाँ तक कि परीक्षा के दिनों में भी।"

मेरा प्राण-पाखी समझ जाता उसकी भाषा
तुच्छ समझता अणिमादि अष्टवर्ग सिद्धियों को
उसकी आँखों में देख,
मेरे अन्दर सूर्य
जब पश्चिम आकाश में ढलता
विदाई का आयोजन दिख जाता अस्ताचल में
मन और हृदय जलता
सन्ताप और मनस्ताप के तुषानल में
वह तो कहती—नहीं, नहीं

स्वप्न है, दृश्य है
अन्त नहीं, शोक नहीं,
दुःख नहीं, मृत्यु भी नहीं।

तीन :

जो जला जाता है
पल भर भी रुकता नहीं
जो रुक जाता है
कितनी ही मिन्नत करने पर भी
एक शब्द तक कहता नहीं
उसके लिए तो शब्द चाहिए
आकारहीन अशब्द शब्द
शब्द जो यन्त्रणा के विष के लिए उपचार है।

अपराह्न लटका रहता है आकाश से
थकान और विषाद जम जाते हैं छाती तले
आँखें लाल किये निकलता है सूर्य
छतरी-छड़ी लिये
नील नदी भीगी-भीगी आँखों से
सहसा बुलाती है
अल्हड़ किशोरी
और मुझे लगता
अप्रैल का काहिरा और नील नदी यह नहीं
फागुनी पूर्णिमा की चाँदनी में
हमारे गाँव की चित्रोत्पला बुला रही है
आँखों के इशारे से।

मैं तो डूबता रहता मछली-सा।
द्वापर त्रेता और कलि कितने युग बह जाते हैं
कई जन्म, कई मरण खत्म हो जाते हैं

मेरे अन्दर कौन-सी नदी उमड़ती है
दूर से लगती है आत्मा
मरुभूमि का पिरामिड
सरल शब्दों की लोरी
नदी किनारे
गाँव के छोर पर नारियल और आम के पेड़
स्वप्न, दृश्य
हँसी, रुलाई मिली
न जाने कितनी लहरें।

चार :

कभी-कभी आँखें खोल देखते ही
प्रशान्त शून्य आकाश चूमता है
और कभी अचानक खुभो देता है आग
मेरे ऊपर उदार तपस्वी-सा
मुँह दिखता है आकाश का
बादल दिखता है
भादों के धान-खेत की गाभिन लहर
पैर तले लोटते रहते हैं
युद्धक्षेत्र, कबन्ध और आर्तनाद
वक़्त लगता है
अवरुद्ध, अभिशप्त पृथ्वी को पहचानने में
इतना दुःख, इतना धैर्य, पाप-पुण्य चाहिए
पाने को अन्त में विनाशकारी भाग्य।

देह मेरी उड़ जाती है हवा में
सूखा पत्ता हूँ मैं
भर दुपहरी झेलता हूँ
उदास हवा के साथ
और रास्ते में मिलता हूँ

उसी खोयी-खोयी-सी चिरैया से
अब वह लौट रही थी
न जाने क्यों रोती हुई मन मारकर !

शोक इतना उग्रतपा है
यह कहा भी नहीं जाता
दिन बीत जाने पर
खरी-खोटी उसकी
सही भी नहीं जाती।

पाँच :

कभी-कभी पूरा आकाश
थके-हारे शिशु-सा
आकर सो जाता है चौरे के पास
उसकी आँखों में बहने लगता है
मेरा सारा अतीत
माँ के सो जाने के बाद
बुझ जाने के बाद संझाबाती।

वह तो महज एक चिट्ठी है
ग़लत पते की
कभी न पहुँचेगी
मेरे मन के उजाड़ गाँव में
सूर्योदय ही तो गढ़ता है
उरा गाँव में
अद्‌भुत सप्तम स्वर्ग और
मुक्ति-मण्डप
सूर्यास्त जो नाना करतब दिखाकर
सब कुछ संहारता है।

उस गाँव के
मेरे जर्जर काया-घर में
बहता है निरन्तर नवद्वार
अस्थि पंजर पर ढँके हैं रोएँ और चर्म
बँधी हैं रुधिर-शिराएँ
कौन-सा गुरु-वाक्य है वह
मैं क्या जानूँ अपात्र
फिर भी तो आँखें बन्द कर
करता हूँ पालन उसके अनुशासन का
स्वप्न देखता हूँ पूरी रात
कर्म की जकड़ में
देखता हूँ दृश्य दिन भर
उनींदे क्रोध में बस
जलती है आत्मा ईर्ष्या-द्वेष के दावानल में।

वह तो सिर्फ़ पालन है
गुरु-वाक्य का
उस जर्जर घर में
हूँ मैं दुराचारिणी।

छह :

आकाश शब्द का तनु
शब्द मँडराता है स्वप्न में, दृश्य में
शब्द गढ़ा जाता है या गढ़ जाता है
प्रेम में, मृत्यु में,
चराचर संसार जनमता है उसके आनन्द से
दुर्जय दुःख से।

उच्चरता है कौन
सुनता है कौन

हैं किसके ये शब्द ?
अपात्र पात्र नहीं जानता,
अनर्थ अर्थ नहीं गिनता
कपास से वस्त्र की तरह
इन्द्रियों के सप्त छन्दों में
शब्दों से बुनता है पृथ्वी
कौन है वह अद्भुत सामर्थ्य का बुनकर ?

शब्द के दो नयनों में उगता है रवि
उसके मुख में अनल का प्रकाश
शब्द के ललाट पर जलती है अनबुझ
क्रोधशिखा मेरे मन की
सिर पर अभिषिक्त समग्र आकाश
मेघपुंज केश-राशि
कण्ठ में सारी कविताएँ
नदी बहती है
शिरा-उपशिरा से होकर
मृत्यु-सी स्नेह-सी स्वप्न-सी दृश्य-सी
खींचती है उसकी शुभ्र ममता।

शब्द पैदा करता है
मेरे अन्दर आनन्द की अबूझ सिसकियाँ
शब्द जला डालता है
मेरे सीने के शोक और सन्ताप
तमाम अनजान आँसुओं को
शब्द गढ़ता है
मेरे हृदय के टूटे मन्दिर में
हाथ-पैर हीन और अधगढ़ा वही प्रेमदेवता
शब्द तोड़ डालता है
सारे देहाभिमान, लीलाएँ, बालकेलि, स्वप्न दृश्य।

शब्द वामन जो है
एक डग में ही आ जाते भूमि और गगन
दूसरे डग में समूचा शून्य
और जगह है ही कहां
उस मायावी के तीसरे डग के लिए ?
मैं तो सिर झुका लेता हूँ चुपचाप
उस ब्राह्मण के पाँव में।

सात :

कौन-सी आस लिये
दिन-दिन-भर, रात-रात भर
बस राह देखता रहता हूँ सब की
कीचड़ और फूलों की आँखों से
जन्म-जन्मान्तर मेरा दीखता है साफ़।

मैं जन्म लेता हूँ प्रति क्षण
मैं होता हूँ हर्ष-शोक-विमोहित समस्त भुवन में
मैं दाई हूँ चींटी के जापाघर में
मैं मन मसोसे बैठता हूँ
गेंदे की रोग-शय्या किनारे
मैं शववाहक हूँ
उस चिड़िया की अन्तिम यात्रा में
रक्ताक्त होता हूँ मैं
जब कोई तोड़ता है
उस पेड़ के डाल-पत्ते, मेरे मित्र—
मैं रोता हूँ अधमरी दूब की उसाँसों में
मेरे चेहरे पर हँसी फूटती है
आकाश को बादल
और चातक को बारिश मिलने पर।

मैं तो चिरकाल
जड़ा रहता हूँ, डूबा रहता हूँ
नया रूप धरता हूँ
रंगीन तितली के अमाप लोभ से
नन्हीं मकड़ी की अतृप्त प्यास से :
खिलते फूल के उन्माद में,
पहाड़ के उस पार डूबते चाँद के शोक में,
भोर में हवा की अन्तिम हताशा में,
संन्यासी के प्रणव ओंकार में
मैं नया जन्म लेता हूँ

मैं तो नित्य करता हूँ मृत्यु-वरण
रूपजीवी गणिका के पश्चात्ताप और क्लान्ति में
घिसट घिसटकर चलते
केंचुए की लक्ष्यहीनता में
चटख चाँदनी से धुले कोढ़ी के
मादलनुमा देह के रिसते घाव में।

अक्षर-अक्षर में मेरा पुनर्जन्म
मृत्यु मेरी प्रत्येक शब्द के कोण में
ध्वनित मेरा जीवन
क्षण क्षण, उच्चारण में
स्वप्न और दृश्यों के सम्मोहित
सातवें आँगन में।

इतने सपनों के लिए
भला रातें कहाँ
दिन कहाँ
इतने दृश्यों के लिए !!

□

लौट आने का समय

लौट आते हैं घर
धूप चुभने पर,
रात को चाँदनी-फूल खिलने पर
मूसलाधार बारिश होने पर, ठण्ड पड़ने पर
सभी लौटा देते हैं हमें घर
कितनी सहज सरल मुद्रा में !

लौट आने की राह पर
पैरों के निशान बने होते हैं
न जाने किस-किस के
जो लौट गये हैं कहीं और
नहीं लौटे हैं घर
इन्तज़ार करते-करते बीवी-बच्चे उनके
ऊँघ रहे हैं नींद में।

फिर भी आँसू नहीं झरते
देख-देख अनहोनी
इन्तज़ार रहता है दिन बीतने पर, रात होने पर
लौट जाऊँगा घर, चिड़िया के घोंसले में
निर्जन राह में चिड़िया गीत गाती है
क्या वह जानती है उसी रास्ते से एकाकी
लौट रहा है एक आदमी मन मारकर ?
ऐसे में कितना आत्म-विश्वास भरती है चिड़िया !
सचमुच ! खोये हुए लोगों की यादें छिपी हैं
आकाश, मेघ, चिड़िया, मलिन पृथ्वी में।

हाथ बढ़ा देता हूँ आकाश की ओर
क्षण में बन जाता हूँ मैं आकाश
हाथ बढ़ा देता हूँ हवा की ओर
बन जाता हूँ हवा की प्यास
हाथ बढ़ा देता हूँ शून्यता की ओर
बन जाता हूँ शून्य
हाथ बढ़ा देता हूँ निर्जन घर की ओर
बन जाता हूँ वीरान जंगल की राह।

आओ, आओ कहकर मैं तुम्हें बुलाता हूँ
उत्तेजित आवेग से, अस्थिर स्नेह से
आओ—ज़रा और पास आओ
यह देखो मैं लौट रहा हूँ अकेला
स्मृति की रेत सहलाता
अक्षय मुद्रा में।

अभी ही हुआ है पूरा काम मेरा,
बस दिन ढलने ही को है
सूर्य लौट जाएगा
घर पर बैठी इन्तज़ार करती माँ की गोद में
क्या तुम मुझे चूमकर, मेरा सिर सहलाकर
'कितने बुद्धू हो सच' कहकर
टिका नहीं लोगे अपनी शून्यता में ?

□

अनजान आदमी

आँखें फाड़-फाड़कर देखते हैं वे लोग मुझे
कभी डबडबायी आँखों से
कभी निरीह और प्रश्नभरी आँखों से
तो कभी विस्मय और
सन्देह से तटस्थ, उत्ताल आँखों से।

क्या दूँ परिचय उन्हें अपना ?
नाम गाँव बाप दादा, इतिहास जाति गोत्र
नहीं चाहते वे लोग यह सब जानना
फूलों के पौधे, चिड़ियाँ और
साँझ के खामोश सितारे
जिद्दी हवा और मुलायम धूप
अपलक ताकते रहते हैं मेरा मुँह
मानो मैं किसी और दुनिया की
किसी दुःस्वप्न रात्रि की
कहानी का नायक हूँ
इतिहास जिसे कब का भूल चुका है।

अन्दर आँसू दबाये रहता हूँ ;
एक अपरिचित सत्ता रोती है
कुछ याद करके
कबूतरी-सी गुटरगूँ करती हुई
अन्दर सहसा बजती है
बाँसुरी हवा की
धूप की लहरें टूटती हैं लहू तट पर

माँस के पौधों में
तारों की तरह खिल उठते हैं फूल
असंख्य रंग-बिरंगे फूलों और
शब्दों की चिड़ियाँ गाती हैं
अनभूले शोक-गीत
शंकाकुल, व्यथातुर अनचीन्ही सुबह।

जाने-पहचाने से अनजान और
अनजान से जाना-पहचाना
बन जाता है एक आदमी
हवा, धूप, तारों में बह जाता है सुदूर आकाश में
स्मृति बन जाता है,
बन जाता है शुभ्र उदार गीत का स्वर
चिड़िया और फूल की आँखों में
परछाई उसकी झलकती है अनमनी
परिचय पुनः मिलता है
लौट आता है वह आदमी
निर्जन अरण्य पार कर
राह भूले बिना।

□

नदी को देख क्या याद आता है ?

नदी को देख या क्या याद आता है
पहाड़ समुद्र के अलावा ?
याद आते हैं स्वर और समय
स्वर में बहता है समय
समय के बहुविध स्वर
कोणों अनुकोणों में उसकी प्रतिध्वनियाँ
गढ़ती हैं शब्दराजि मन के एकान्त में,
धूल पोंछकर अनुभव, सुख-दुःख, यन्त्रणा और
आशा-आलोक से सुनाई देता है स्वर उसका
रिक्त समय से।

क्या नदी अपने ही स्वर की महोदधि है ?
उगते सूर्य की आशा आसावरी
मध्य रात्रि झिलमिल
तारों का सिहरता विहाग
आवेग से रक्त-क्षरा स्वप्न-भरा
गोधूलि की आहत पूरबी
उसका तीव्र अनुराग है ?
क्या नदी सत्ता है
जो रच जाती है असंख्य सपने ?
क्या नदी व्रत-उद्यापन है अँधेरे का ?

क्या नदी समय की परछाई है
जो बहती है पहाड़ों से
शान्त मूक मौन पत्थरों से होकर

वाचाल सागर तक ?
अनादरित पत्थर के आलिंगन से
मुक्ति चाहकर निमग्न सत्ता का विवर महोदधि
असीम समय का स्वर
काल कालान्तर;
मृत्यु और अनन्तकाल का सूर्य अस्तमित
आदि मध्यान्तर अन्त में
चिर उपगत।

समझ गया समझ गया
नदी समय का अन्तहीन स्वर है
शिरा और धमनियों में उसकी
अथक अविराम कल-कल
कभी शुभ्र वस्त्रान्विता तो कभी रक्त वस्त्रान्विता
कभी अल्हड़ किशोरी वैकुण्ठ की
और कभी पके आम-सी मुरझायी पलकें बुढ़िया की
कभी समय का उत्तरण कल-कल बहता स्वर
कभी चमकती तलवार
और कभी आनन्द की उत्ताल लहरें।

नदी को देखने पर
पहाड़ समुद्र के सिवा और क्या याद आते हैं ?
याद आते हैं जन्म-मरण, बचपन, प्रेम, स्वप्न
यन्त्रणा आनन्द और जन्म जन्मान्तर
तमाम आरती-अर्चनाएँ, सारे दुःख

रक्त माँस कीचड़ से लबालब
याद आती है
चाँदनी रात में प्रकाश की रेत-शय्या
सप्तम वैकुण्ठ और स्वप्न लहरें।

□

नदी में अनेक भय

नदी में जड़े रहते हैं अनेक भय
मैं असहाय समतल भूमि
उसकी आकांक्षा और प्रेम का तट लाँघ
बाढ़ में डूबता हूँ बार-बार
अमूर्त स्वर में नदी गीत गाती है
पहाड़ और जंगल का निर्जन सुनसान स्वर
थपेड़े खाता स्वर समुद्र का
उस गीत में सुनाई देता है
मेरा बचपन और कैशोर्य
उस गीत में सुनाई देता है मेरा समस्त अतीत।

नदी में चिपके रहते हैं अनेक भय
देवी के अपरूप लावण्य के पुआल का ढाँचा
चिपका रहता है कीच-पाँक में
उसके पानी के स्वच्छ आईने में
मेरा कंकाल झलकता है
गोधूलि के धुँधले प्रकाश में।

साँप का सिर कटने-जैसी, भीषण प्रवाह में
मेरी चेतना, स्थिति मेरी
बह जाती है तिनके की तरह
डूबता-उतराता मँडराता रहता हूँ मैं
नदी के सपने के भयावह बवण्डर में
चित्रपट की तरह कहीं से आती हैं
असंख्य भरी नावें
पल में गुज़र जाती हैं

छोड़कर गीत के दो बोल
गीत हो जाता है आँखों में बूँद भर आँसू
आँसू हो जाता है उसके स्नेह का असीम आस्वाद।

नदी में छिपे रहते हैं अनेक भय
चोंचदार मगरमच्छ-सा एकान्त स्नेह से
मेरे शब्द और भंगिमाओं की नववधुओं को लील
अपलक निर्लिप्त आँखों से
बुद्धू-सा खड़ा रहता है
उसके सामने सिर झुकाये
और कभी आज्ञाकारी बालक-सा
लौट आता है उसकी गोद में
सूर्य डूबने के बाद मुँहछिपे अँधेरे में।

नदी में लेटे रहते हैं अनेक भय
रेत के टीले पर
फटी-मैली कथरी पर
सोयी रहती है अँधेरे में लाचार नीरवता,
स्नेह सिर्फ़ शून्यता और पोली रेत है
नदी तो बस यन्त्रणा का
अन्तिम नाम अन्तिम, सादगी है
उसकी धारा उसकी लहरों में
जन्म मृत्यु प्रेम काम, मुक्ति की अनिर्वाण गाथा
साथ-साथ रहती है।

तुम नदी हो
मैं तुम्हारा असहाय तट
स्नेह की वेदी पर हैं समस्त कविताएँ मेरी
यन्त्रणा और आस्वाद की शुभ अष्टपदी।

□

रोग-शय्या

सुबह हो चुकी है।

चित्रित तितली के पंखों के कम्पन में
सुनाई पड़ रहा है
सूर्यदेव का मन्त्र-गायन।

पूरी ताकत इकट्ठी करके
डेलिया-फूल की हरी डाल, हरे पत्तों ने
रक्त-से लाल जिस फूल को
जन्म दिया था
आज वह काला पड़ चुका है
झड़ जाएगा अब ;
माटी का बुलावा प्रतिध्वनित होने लगा है
उसकी शिरा-प्रशिराओं में।
मानों सचमुच अँधेरे के गहरे पानी में
पनकौआ-सा डुबकी लगाता
अभी-अभी आया हूँ मैं किनारे
आह ! कितनी तृप्ति,
कितना आनन्द,
कितनी क्लान्ति है

आज मुझे कुछ ठीक लग रहा है
नीले आकाश में किसी असीम दूरी पर
हुत्-हुत् जलते
आत्मघाती सूर्य का रुदन सुनाई दे रहा है।

क्यों ? क्यों है यह अभिलाषा
चिरकाल जीवित रहने की ?
क्या इसीलिए—दूसरे कमरे में है चूड़ियों की खनक
नारी की अनभूली वीणा-झंकार ?
यमुना, शिप्रा, या चित्रोत्पला
सत्, त्रेता या द्वापर ?......

मुँह के सामने ही तो है शान्त नीला आकाश
किस तरह निर्लिप्त वैराग्य से जल उठता है
हलाहल-सा नीला
मानों मेरी सत्ता का शुभ्र दावानल !

□

धाँगड़ा[1] का प्रेम-गीत

पहाड़ की ढलान पर
तुझसे स्नेह माँगा, स्वप्न माँगा
स्पर्श माँगा, तमाखू-पत्ता माँगा ;
तूने कहा, यहाँ नहीं, यहाँ खेत-खलिहान में बहुत से लोग हैं।

साँझ के अँधेरे में
महुवा फूल की महक से विह्वल गाँव के बाहर
तुझसे स्नेह माँगा, देह माँगी
या फिर वादा करने को कहा;
तूने कहा, जुगनू और अकेले तारे से
मुझे हमेशा डर लगता है
इस वीरान जगह से भाग चलना ही बेहतर है।

घने जंगल में अपनी छाती की धुकधुकी
खुद को सुनाई दे रही थी
तुझसे स्नेह माँगा, स्पर्श माँगा
तूने कहा, छिः यहाँ यह मलिन धूसर माटी है
फूल-सी यह देह, सोना-जैसी आत्मा
मुरझा नहीं जाएगी, धूल-धूसरित नहीं हो जाएगी !
यहाँ नहीं, यहाँ नहीं।

झरना किनारे कोई न था
अकेली चिड़िया ही गीत गा रही थी
तुझसे स्पर्श माँगा, अँधेरा माँगा,

---

1. धाँगड़ा—क्वाँरा आदिवासी युवक

तूने कहा, झरने के स्वच्छ आईने में
सब-कुछ दिख रहा है
यहाँ नहीं, यहाँ नहीं।

सारी पृथ्वी सो रही थी
यहाँ तक कि चाँद-तारे भी
तुझसे स्पर्श माँगा, प्राण माँगे
अपनी थुरथुर आत्मा के लिए
तेरे शरीर के घोंसले में इत्ती-सी जगह माँगी
तूने कहा, अँधेरे में भी मेरी आँखों के आईने में
सारा कुछ साफ़-साफ़ दीखता है।
अभी नहीं, अभी नहीं।

तो फिर लो दोनों आँखें, निकालकर
तुम्हें भेंट करता हूँ
अब स्पर्श दो, स्नेह दो, अँधेरा दो
एकाकी आत्मा को आसरा दो।

□

देवगण

न जाने क्यों हर युग में वे लोग
बूढ़े, अकर्मण्य
एक तरह से असहाय से दीखते हैं।

मानों चश्मा होते हुए भी
उन्हें कुछ साफ़ नहीं दीखता
कानों को बींधती चीत्कार से लेकर
गुनगुन प्रार्थना तक के स्वर
सुनाई नहीं देते
या फिर दुष्ट नाती ने चुपचाप
दोनों आँखें या बुढ़ापे की बेंत
कहीं छुपा दी है
और बोलते-बोलते थक जाने पर भी
असली बात नहीं मान रहा।

लेकिन आँखें मिटमिटाकर
दिशारी[1] की तरह
सुदूर आकाश के अन्तिम सीमान्त से
मृत्यु की धूसर गोधूलि तक,
कर्मफल के अन्तहीन धागे से
तरह-तरह के दुःख और यन्त्रणा के
रुग्-रुग् आस्वादान तक—
उसी सुदूर में
उनके देखने का अन्दाज़

---

1. दिशारी—आदिवासी समाज का भविष्यद्रष्टा पुजारी

कैसा हास्य उद्दीपक है
अटपटा, अटपटा-सा लगता है
इच्छा होती है कह डालने की :
"देखो, बूढ़े बाबू
तुम्हारा दुःख हम अच्छी तरह समझते हैं
तुम्हारी लाचारी
हमें अच्छी तरह मालूम है।"

और चाहे जितना पीत वस्त्र
कौस्तुभ कुण्डल
पीताम्बर, मोरपंख
या मुकुट पहनाकर
हाथ में चक्र, धनुष-बाण या बाँसुरी
पकड़ा देने पर भी
वे लोग अधिकाधिक
उदास और लाचार दीखते हैं
जैसे मनुष्य का भाग्य निरखने से बढ़कर
अधिक दुःख और कष्ट
न है, न कभी था।

□

परछाईं

देख रहा हूँ काफ़ी दिनों से
वह वहीं खड़ी है
पैर जमाये, सिर झुकाये
ठीक मेरे फाटक के आगे
अडिग मूर्ति-सी।

चाहती तो अनायास ही फाटक खोल
अन्दर आ सकती थी,
बरामदे, ड्राइंग-रूम से होती हुई
यहाँ तक कि सीधे मेरे शयन-कक्ष में प्रवेश कर सकती थी,
मेरी किताबें, मेरे खयाल
मेरी बाकी ज़िन्दगी, मेरे सपने
जो भी चाहती ले जा सकती थी;
किन्तु वह मूर्ख ऐसा कुछ नहीं करती
यहाँ तक कि सकुचाई आवाज़ में औरों की तरह
चबूतरे पर चढ़कर महाराज-महाराज कहकर भी नहीं पुकारती।

वहाँ से राह बदलकर लौट भी नहीं जाती
धूप, ताप, जाड़ा, पाला सब सहकर
चाँदनी रात में बिजूके की तरह
वहीं उसी तरह खड़ी रहती है।

फाटक ही नहीं खोलता
फिर भी न जाने वह कैसा जादू जानती है कि
मेरे सपनों में आकर हाज़िर हो जाती है

और उसके बाद बेटा-बेटी बीवी व खुद मुझे
कुर्सियों पर आमने-सामने बैठ
चाय पीते वक़्त भी लगता है
हम सभी नीले शून्य में टिमटिमाते नक्षत्र हैं;
हठात् सारी बातचीत अटपटी लगने लगती है
कोई बात ख़त्म करने से पहले
अनमना हो मैं चुप हो जाता हूँ।

हो सकता है उसी के डर से
जो चिड़ियाँ घर के सामने पेड़ की डालों पर बैठ
गीत गाया करता थीं
और मैं सोचता था
वे गा रही हैं सिर्फ़ मेरे लिए,
न जाने कहाँ उड़ जाती हैं;
पेड़-पौधे कमजोर और सूखे लगने लगते हैं
चाँद की रोशनी भी आभाहीन लगती है;
लगता है,
और कुछ दिनों तक वह उसी तरह
वहाँ खड़ी रही तो
चाँद पूरी तरह स्याह पड़ जाएगा
चिड़ियाँ चहकना भूल जाएँगी
सारे शब्द कहीं बिला जाएँगे।

नौकर-चाकर, बीवी, बच्चे जिससे पूछो
वे कहते हैं, कहाँ है ?
फाटक के पास तो नंगी हवा के सिवा
और कोई भी तो नहीं ?
मैं कितनी तरकीबें लगाता हूँ
उसे सादर अतिथि बनाकर
अन्दर घर में लिवा लाऊँ

और उसमें असफल होने पर
डरा-धमकाकर शत्रु-सा खदेड़ दूँ !

किन्तु कोई लाभ नहीं होता
क्या रात, क्या दिन
क्या आषाढ़, क्या फागुन
सिर झुकाये, देखे हुए सपने-सी वह
वहीं, उसी तरह खड़ी रहती है।

□

पत्थर

उसे कहीं नहीं जाना होता
न स्वर्ग, न नरक,
न मित्र के घर, न कारागार में।

निपट बुद्धू-सा बस ताकता रहता है
चरवाहे बालक उधर से कहाँ जाते हैं
मवेशियों को लिये,
अन्धा चरवाहा बालक उसी पर बैठा
कितनी सुन्दर बाँसुरी बजाता है
चिड़ियाँ उड़ती हैं, बादल बहते हैं
रात को चाँद तारे
आकाश के नीले सागर में
तैरते हुए अन्तर्धान हो जाते हैं
किन्तु उसे कहीं नहीं जाना होता।

कहाँ क्या घटित होता है
वह नहीं जान पाता
कहाँ कौन होता है, क्या करता है
वह नहीं जान पाता।

सूर्यदेव उसे अच्छे लगते हैं।
उनकी उष्ण करुणा ऊबड़-खाबड़ सीने में दबाये
आत्मा के अन्दर खींचता है;
काले बादल खुद को निचोड़ देते हैं आकाश से
उनकी असह्य प्यास देख,

झरते आशीष वह पी जाता है
किन्तु इस तरह अकेले-अकेले हमेशा
कभी-कभी वह रुआँसा-सा लगता है।

वह एक लम्बी साँस लेता है
उतने में एक दिन
दो-टूक हो फट पड़ता है
अन्तरंग मित्र से जा मिलता है
जिसको उसे छोड़
कहीं नहीं जाना होता।

□

बहता नहीं समय

बहता नहीं समय
बह जाते हैं लोग
समस्त प्राणी ही बह जाते हैं।

कत्थई कोट-धारी बादल
चबूतरे की दीवार से टिके बैठे
आसमान की ओर ताकते चित्र-प्रतिमा
पिता को अलविदा-अलविदा कह बह जाता है;
उसके दूसरे ही दिन पिता
हमारी ओर पीठ किये
धीरे-धीरे दूर बहते चले जाते हैं
उसी ओर
क्षितिज के नीचे विदा हो रहे सूर्य के साथ।

अलविदा-अलविदा कह झर जाते हैं पत्ते
रोते पेड़ को अगले दिन
काट ले जाते हैं लकड़हारे
विदा हो जाता है वह
न जाने कब से खड़े मिट्टी के ढूह पर से।

अचानक दिखने लग जाते हैं
घर, घाट, नदी, पाट, जंगल,
पत्नी, पुत्र, संगी-साथी
अकल्पनीय समय के सारे दृश्य
बह जाते हैं अँधेरे की ओर।

वह अँधेरा तुम्हारी परछाईं है
तुम्हें तो मालूम होगा
क्यों और कहाँ
बह जाते हैं हम सब ?

□

पवन

पवन कुछ नहीं रखता पकड़कर
अपना नहीं बनाता
अपना बनाने को भींचकर नहीं रखता।
बस छूते हुए गुज़र जाता है
हड़बड़िया राही
जो कुछ सामने आया :
नारी के कोमल स्तन, निश्छल मुस्कराहट, सामने नुकीले पत्थर
सड़ाँध से फट पड़तीं नालियाँ
हँसता चाँद, महकते फूल।

मानो छूते हुए
गुन-गुनाकर सिर झुकाये चले जाने से बढ़कर
आसान काम, इस धरती पर
न है, न ही कभी था।

निपट अप्रत्याशित स्थानों पर
एकाध बार भेंट हुई है उससे :
भीषण जाड़े की शाम
एक दिन समुद्र-तट पर
कहीं कोई न था
न तीर्थयात्री, न मछुआरा, न भेलपूरी वाला
चारों ओर सुनसान, केवल समुद्र गरज रहा था
रोज की तरह
और सीने में दोनों हाथ दबाये
शून्य तट पर किसी को ढूँढ़ता-सा
वह एकाकी घूम रहा था।

और एक दिन राजपथ के किनारे
भिखारी का बेटा मरा पड़ा था
न जाने किस मोह, किस आस से झुककर
वह उसे सहला रहा था
मानों उतने से ही वह बच्चा
आँखें मलता हुआ फिर से उठ बैठेगा।

मैंने देखा था पिताजी से
उसकी अच्छी मित्रता थी :
कभी-कभी दिन ढले अँधेरे में
जब पिताजी चबूतरे पर मूर्तिवत्
अकेले बैठे होते
वह आकर चबूतरे के किनारे
खड़ा हो न जाने क्या कुछ बतियाता रहता ;
बिस्तर पर लेटे-लेटे
पिताजी का जी उकताने पर
वह चुपचाप अधखुली खिड़की से आकर
न जाने उनके कानों में क्या कह जाता !

और उस दिन श्मशान में
उनकी चिता जलते समय
मैंने देखा,
न जाने कहाँ से
पागलों की तरह दौड़ते हुए आकर
वह उसी धधकती आग में
घुस गया
क्या जाने उसके मन में
कौन-सी गुप्त बात थी !

□

इसीलिए तो हम मनुष्य हैं

असंख्य प्रकाश-वर्ष से
सुदूर अन्तरिक्ष से
मिट्टी के मनुष्य के साथ अनायास ही
बातचीत कर लेते हैं इसलिए नहीं,
बल्कि इसलिए कि हम मनुष्य हैं
कि मन के मनुष्य के पास घण्टों चुपचाप
बैठे रहने पर भी शब्द तक नहीं फूटता।

सूर्य क्या है, चन्द्र क्या है, तारे क्या हैं
अथाह कष्ट सहकर इतनी दूर
जाने की ज़रूरत नहीं पड़ती
पुरानी मिट्टी पर खड़े हो महज़ हथेलियों में
हम उन्हें बाँध सकते हैं, रद्द कर सकते हैं
सूर्यदेव को नचाते हैं, पानी के कुण्ड से
गोबरलिपी मिट्टी की दीवारों पर
चन्द्रमा को रख देते हैं प्रेमिका की छाती पर
तारों को उसकी आँखों में।

शब्दों से बात मनवाकर अपनी इच्छानुसार
कुछ भी बुलवा लेने के कारण नहीं,
बल्कि इसलिए कि हम मनुष्य हैं
हठीले शब्द तमाम अनुनय
चिरौरी के बावजूद
हमारी तनिक बात नहीं मानते।

इसीलिए तो हम मनुष्य हैं कि
दिपदिपाते सूर्य की तरह उज्ज्वल सत्य का
हम सामना नहीं कर पाते
बल्कि अच्छे लगते हैं हमें
आधी छाया आधी रोशनी में
छली शब्द, जिनकी ओट में
जीवन भर छिपा जा सकता है खुशी से
मौत का बुलावा आने तक।

सारे तथ्य, सारा ज्ञान
ढेरों पोथियाँ कम्प्यूटर में सजाकर
हाथ की पहुँच में रखे रहने के कारण नहीं,
बल्कि इसलिए मनुष्य हैं हम
कि चश्मा कहीं रखकर
पागलों की तरह टटोलते फिरते हैं हर जगह
सुबह सुबह।

□

घुन लगी लकड़ी

वह घुन लगी लकड़ी है
उसे चूल्हे में मत झोंको
राख के सपने का स्वर तुम्हें मथेगा

हो सके तो उसे उठा लाओ
शव की तरह
मरे हुए इतिहास की तरह

उठा लाओ उसे
और रख दो अप्रैल की धूप में
सूर्य देवता एक बार फिर उसका सामना करें।

शायद वही अकेला ऋत्विक् है
जो अति प्राचीन है
और अमोघ मन्त्र जानता है।
जिससे उसकी मरी हुई हड्डियों में
एक बार फिर सपना सनसनायेगा
पहले की तरह हवा के सहलाने से चौंकेगा
सुनाई देगी घुन लगे जीवकोष के नीचे
चिड़ियों की चहचह।

वह घुन-खाई लकड़ी है
शायद वह तुम्हारा या मेरा हृदय है
उदास आग में उसे मत जलाओ
हो सके तो स्नेहमय सूर्य के आगे रख दो

हवा को सौंप दो
शायद वह उसके कानों में
हमसे अपरिचित कोई मन्त्र फूँक दे
शायद
पत्ते, चिड़ियाँ, फूस, और सपने
इसी ताक में बैठे हों
अदृश्य श्मशान में अशरीरी
उसी के शव के चारों ओर !

□

फिर चाहे जब आ जाना मृत्यु

बचपन में भी कहा न था मृत्यु
फिर चाहे जब आ जाना !
मेघाच्छन्न बरसात में कभी न आना
तब मेरे पास थोड़ा भी समय न होगा तुम्हारे लिए :
हस्ताक्षर की कॉपी फर्द-दर-फर्द फाड़ी जाकर
नाव बनाना जारी होगा बहाने के लिए
गाँव की पगडण्डियों के जल-प्रवाह में
बादल सीधे उतर आयेंगे
हमारे घर की झुकी ओरी पर
आनन्द-विभोर हो मुझसे बातें कर रहे होंगे
मन चलायमान होगा
कदम्ब की खुशबू
बाड़ी की ओर—तुरई और ककड़ी के
फूलों की सभा में।

अभी भी बुढ़ापे में
घटाटोप बादलों के नदी किनारे
मैं प्रतीक्षारत हूँ
कहीं नावें लौट न रही हों
असंख्य सपनों, यादों,
आशाओं और दुःखों को भरकर
बादलों से भी अधिक काली सुरभित मृत्यु के बुलावे से।
देखते नहीं, अभी मुझे
थोड़ा भी वक़्त नहीं
अपने पश्चात्ताप में, दुःख और स्वभाव-सुलभ

यादों में खोने के लिए
भला बताओ तुम्हें कौन-सा वक़्त दूँ
इस आच्छन्न बरसात में ?

फिर चाहे जब आ जाना प्रिय
मैं तैयार हूँ
लेकिन कृपा कर
घनघोर बारिश के अलसाये क्षणों में
मत आना।

□

चिरई री, तू क्या जाने !

यहीं पाँव जमाये खड़ा रहूँगा
अन्तिम दिन, अन्तिम घड़ी तक
राह भूलकर शायद तू लौट आयेगी री चिरई,
दिन भर की मलिन शाम को
मेरे अन्दर तू लौट आयेगी
तभी बार-बार कोई प्रबोधन देता है
किसी का स्वर आश्वासन देता है।

अभी तो पत्ते घने नहीं हैं री,
घोसलें नहीं हैं, घोसलों में चहल-पहल नहीं है
लुकाठी और पतले तारों की नक्काशी
शून्यता में खुद को धिक्कारते हैं
गहन नीरव भाषा में।

सूर्य से दूर ही दूर
घुप्प अँधेरे में
अन्धे की तरह नीचे ही नीचे
अज्ञात पाताल की ओर उष्ण दुःख
काली मिट्टी धकेलता सदा आगे ही आगे
कितना पानी, कितनी मिट्टी,
कितनी तपिश सोख-सोखकर
उपजाता है एक नवजात कोंपल
तू क्या जाने,
तू क्या जाने री चिरई, मेरे दुःख का इतिवृत्त
मेरे भाग्य का गुप्त व्यवहार !

तेरा इलाक़ा सूरज से चाँद तारों तक
तेरा आँगन बादल से बादल तक
रोशनी की चपलता है तेरी आँखों की मुग्ध भाषा
दूरी का आह्वान तेरे पाँखों का गुप्त नशा है
तेरा अस्थिर आह्वान गीत है अन्तहीन गति का।
मैं भी पहचानता हूँ री चिरई सूर्यदेव को,
आँखें मूँदकर अन्धी तपस्या में
मैं उनका स्तोत्र पढ़ता हूँ
पीले पत्तों के झड़ने की हताश भाषा में
मैं भी दण्डवत करता हूँ करुणामय चतुर्मेघ
कृतज्ञ हाँफते हुए हरे सपनों की भीड़ में
और अपने शेष पर्व के
पत्रविहीन बेसहारे स्तब्ध क्षणों में समाहित
अपने दुःख के आत्मिक प्रहर में।

अब तेरा गीत नहीं,
पत्ते नहीं, कलियाँ नहीं, फूल नहीं, फल नहीं
खिलने का दुःख नहीं, फूलने का शोक नहीं
झड़ने का सन्ताप नहीं।
अब तेरा घोंसला नहीं, बच्चों की चहक नहीं
चिरई री, पर तू क्या जाने
जली, नुकीली डाल में सनसनाता है किसका स्वर
सूखी चमड़ियों पर दीखती है किसकी संगीत-छटा
काँप उठती है वह कौन-सी नीली नभ मृगतृष्णा
उफन पड़ती हैं दुःख में नीले बादलों की लहरें।

मैं भी जानता हूँ री चिरई कि सपना हमेशा
सपने में ही खत्म होता है
मैं भी जानता हूँ सपना ही है तृष्णा का दूसरा नाम
घुप्प अँधेरे में जो जलता है सूरज-सा

•

जब तक होता नहीं सवेरा।
चिरई री, मैं नहीं जानता
तू लौटकर आयेगी भी या नहीं
लेकिन मैं यहीं अन्तहीन दुःख-सा
मौन ध्यान में खड़ा रहूँगा पाँव जमाये
हमेशा अन्तिम दिन अन्तिम समय तक
शायद तू लौट आये बिन-मौसम फागुन की तरह
गुनगुन-गुनगुन करती
किसी क्षण शाम या सवेरे
तेरी आँखों में तब खिल रहे होंगे
तृष्णा-स्वप्न अनखिले फूल
तेरी रफ्तार में बुझेगी, आँखों की मोतियाबिन्द-सी
निर्वेद मेरी अन्तिम आशा
मेरे सपनों का मायाजाल।

□

ज़िन्दगी भर वह आदमी

ज़िन्दगी भर वह आदमी
गुन-गुनाकर
दो टूक कुछ कह डालने को
थुथना उठाये बैठा है
ऐसा कोई मनमौजी गीत
जो पहाड़ी झरना सुनाता है
जब बेरोक-टोक
दूर जाने के खयाल से
अस्थिर चंचल-सा
नीचे की ओर दोड़ता है
वह जानता है
वैसा गाना कभी सपने में भी नहीं गा सकेगा।

बस उतने ही गुनगुनाने की उम्मीद रखता है वह
जितना सुनाई देता है
जब बंजर ज़मीन तोड़कर
दो नन्हें पत्ते अंकुरित होते हैं
नाती की दुष्टता से बूढ़े नाना के पोपले मुँह में मुस्कराहट फैलती है
शाम के धूसर आकाश पर
उगता है शुक्र तारा।

लेकिन उसके भाग्य में इतनी भी नहीं सम्भावना
और सीने में गले में
सारे गीत गड्मड हो जाते हैं
असहाय ओलों की तरह
यहाँ तक कि ज़रा-सा गुनगुनाना भी

उसके भाग्य में सम्भव नहीं।

कमरे की सारी खिड़कियाँ खुली रखते हैं
उसकी स्नेहिल पत्नी और नन्हें बच्चे
पेड़ की डाल पर, पत्तों की जोड़ में
गीत गाती असंख्य चिड़ियाँ
रात भर गुनगुनाता निर्जन आकाश
शायद कमरे में घुसकर
एकाध गीत उसे सिखा जायेगा
पेड़ की डाल से झड़ते पत्तों का असहाय स्वर
शायद उसके कानों में झंकृत होकर
बाध्य करेगा उसे गुनगुनाने को
उसके अनजाने ही।

इन सबके बावजूद
वैसा कुछ नहीं होता
वह सारे स्वर सुनता है, उनकी छुपी आत्मा समझता है
भक्त-सा आँखें फाड़ देखता रहता है
फिर भी ऐसा स्नेह, ऐसा विशाल-हृदय पुरुष
गीत का एक पद भी ऐसा नहीं गा पाता है।
देखने पर उसका चेहरा
कभी-कभी लगता है कि वह आदमी कहीं
अन्दर ही अन्दर रो तो नहीं रहा !
लगता है मुस्कराते समय भी
उस मुस्कराहट के पीछे रोने-सी
आवाज़ सुनाई दे जाती है
न जाने किस दुःख से, किस अभिमान से
तृषित अन्तरात्मा को साक्षी रख
चुपचाप बैठ जाता है वह आदमी।

□

टूटा मन्दिर

अप्सरा की नाभि में
बेखटके
सारी रात
तारे और ओस झरते हैं।

मन्दिर के तालाब के घाट पर
मैले-कुचैले बार-बार सिले चिप्पी लगे
इतिहास और परम्परा धुलते हैं
ज्ञानदाता गणेश की प्रशस्त पीठ पर।

अन्धे देवताओं की तरह अपने ख़यालों में
कभी-कभी हवा के झोंके की तरह
दो-चार चमगादड़ उड़ जाते हैं
भीतर अँधेरे से
अनिश्चित भविष्य की ओर
उदासीन आकाश किनारे।

लम्बा और अन्तहीन अपराह्न चुकने लगता है
दूर बैलगाड़ी के कें-कटर में
लगता है थम जायेगा समय बस कुछ ही पलों में
झाड़-झंखाड़, दूर तक फैले खेत
उजाड़ निराश साँझ के अँधेरे में।
कौन बुला रहा है किसे
दुलार से, आकांक्षा से, लोभ से, दुःख से
(इस जन्म में, दूसरे जन्म में)

पानी के चौड़े और उज्ज्वल चेहरे पर हँसी
अकस्मात् आशा का इंगित पाकर
मन्दिर की छाया और उग रहे चाँद
दोनों को स्नेह से खींचती है।

इन्तज़ार में दिन बीतते हैं।
जमुहाई लेकर उठ जाने से पहले
कोई तो आता आरती-भक्त
कोढ़ी भिखारी खुद से पूछता है।

□

भिखारी बच्चे की मौत

सुबह तक वह न था।

नन्हीं चिड़िया-सी देह
विश्राम कर रही थी
पब्लिक पार्क की कोमल घास पर
जीवन भर इतना कोमल स्पर्श
उसने कभी किसी से नहीं पाया था।

रात भर ढेर सारे तारे
बैठे रहे ताकते हुए उसे
बुझते दीप की हताशा और
ग्लानि समझने के लिए
खत्म होते जा रहे उसके अभिमानी शब्दों को
एक बार सही, सुनने के लिए।

परन्तु वह चुप रहा।

आकाश के करोड़ों उन दीपों को
अपनी बुझती हुई आँखों से देखते-देखते
कहने को कुछ न था
बोलने की शक्ति भी न थी, कोई आग्रह न था
इतनी बड़ी पृथ्वी के विरुद्ध
उसमें इत्ता-सा भी अभियोग न था।
चाँद अपनी नरम किरणों से
बचपन से गुम गई उसकी माँ की तरह

सहला रहा था उसे,
तारे चमचमाते दु-पैसी पाँच-पैसी की तरह
पास में सूने किसी खप्पर-से पड़े
अलमूनियम के डिब्बे में
गिर रहे थे
बचपन के-से उस सहलाने में
हवा की लोरी सुनते-सुनते
(चन्दा मामा आ आ.......
सो जा रे कान्हा........)
सुनते-सुनते
खूब गहरी
स्याह नींद उसे घेरती आ रही थी।

सुबह वह न था
सुबह न थी।

□

भिखारी बच्चे की शव-यात्रा

रहने दो,
कुछ और उसे सोया रहने दो।

कर्कश निर्मम लोहे की म्युनिसिपल वैन
कूड़े के मलबे की तरह
उसे उठा ले जाने से पहले
कुछ देर और वह अभी शान्ति से सोया रहे
रोगी चिड़िया की तरह
उस हरी दूब के बिछौने पर,
जीवन भर इतना कोमल स्पर्श
किसी से तो उसे मिला नहीं
अब उससे बेचारे को वंचित न करो।

तुम लोग माँ-बाप हो
क्या जानते नहीं
कि नन्हें बच्चे बात न मान
ज़िद किया करते हैं
सदा से मीठी भोर में
कुछ और, कुछ और
कहकर सोये रहते बिछौने में !
बस, घड़ी भर वह सोया रहे
सुबह के उदीयमान सूर्य की सभा में।

अगर उठाना ही है
तो ले आओ सपने-सा विचित्र कोई नन्हा रथ

वही यथेष्ट होगा उसकी क्षीण काया के लिए,
लगा दो उसमें असंख्य मयूर
भाँत-भाँत के फल-फूल,
गीतों की लहर
ढेर सारे तारे और अप्सराएँ
बजाओ शंख, भेरी और तुरही
भर दो मंगल वाद्यनाद।

बुला लाओ दुनिया के सारे नन्हें बच्चों को
खींचते हुए वह रथ
सीधा ले जायेंगे वे
वैकुण्ठ के रुद्ध द्वार तक,
स्वयं विष्णु के सामने खड़े होकर
मुग्ध तोतली में
पूछेंगे कारण, और चर्चा करेंगे इस अनहोनी की।

तब हवा बहेगी नहीं और सनसनाती,
सब कुछ हो जायेगा निस्तब्ध और सुनसान
आकाश दिखेगा महा-भयंकर पिंगलवर्णी
सूख जायेगा समुद्र और
नहीं सुनाई देगा उसका भीम गर्जन
पेड़ की डाल पर
चिड़ियाँ तक बिसरा देंगी गीत
पत्तों का मर्मर हो जायेगा निःस्वन
कलियाँ खिलेंगी नहीं भूल से भी एक बार
भौंरे मरे पड़े होंगे कलियों के बन्द द्वार पर,
तैंतीस कोटि देवता
सृष्टि स्थिति और संहार के कर्ता-धर्ता
पथरा जायेंगे पल भर में
शब्द भी नहीं फूटेगा किसी की जुबान से।

रहने दो , सो या रहने दो उस अभागे को
कुछ देर और
इतने दिन बाद उसे मिली आज बहुत गहरी नींद,
सोने दो घड़ी भर और
थोड़ी-सी चैन की साँस लेकर
भुलाने दो उसे छोटी-सी जीवन-यात्रा की
सारी थकान, सारा अवसाद।

□

पूर्वाशा

एक :

चिड़ियों का झुण्ड पूरी कर अपनी ज़रूरी गपशप
उड़ जाता है नीले आकाश की ओर राह की रेत से।
अधूरे घर-घर खेल में अधबने घर-बार
अधबने साँवले जगन्नाथ-से
अपसारित हो रहे धुँधलके में,
स्थापित विश्वकर्मा गण पोंछते हुए नाक
कहीं गायब हो जाते हैं
इतिहास के पन्नों से।

बूढ़े की तरह
सफ़ेद कबूतर गुटरगूँ करता
मन्दिर की ऊँची सीढ़ियों से
एक ही बार में धीरे-धीरे एक-एक
सीढ़ी उतर जाता
पूर्वाशा के अन्धकार में।

नदी में नहाकर
ठाकुरजी के आगे
संझाबाती करती अनूढ़ा कन्या
हवा में बेतरतीब गीली साड़ी
सहेजती, और
उसका चमकता करुण चेहरा झलमला उठता
साँझ के आकाश में जैसे।

तनिक आगे जाकर सँकरा रास्ता आँका-बाँका
दोनों ओर बाड़ सूखे काँटों की
उन पर ढेर सारे फूल
जिन्हें भुलाया न जा सके...
दूर खेत-खलिहान में पुकारता
पता नहीं कौन किसे
समय उनींदे प्रहर में !
कुछ और जा कर
सँकरी पगडण्डी के
किनारे-किनारे दोनों ओर
कतार में घर-बार
उनके पीछे और भी अनेक
नामहीन गलियाँ, गलियारे
अनेक घर
टूटे चबूतरे, नौकर-चाकर
टूटे छान-छप्पर।

चूल्हे पर चावल चढ़ाया है,
उतर रहा इतिहास,
खदबदाते दुःख और सपनों का सतेज स्मरण
अँधेरे में चमकती चूल्हे की आग
लाँघती जा रही युग-युग से जीवन और मरण।

दो :

दादी की सास
आयी थी मायके से ससुराल हमारे गाँव
जीवन में पहली बार यात्रा की थी
गोकुल से द्वारका तक
और फिर
हमारे घर के पास ही मसान तक

वो भी जीती रहती जानने के लिए,
कि बैलगाड़ी की तरह महाकाश-यान
उड़ जाते धरती से
चन्द्र और मंगल ग्रह तक
चन्द्रमा पर आत्महत्या की खास खबर,
मण्डित कर देती अखबार के पन्नों को,
आ जाती रेडियो की खबरों में।

तो फिर क्या फ़ायदा हुआ ?
इतनी दूर जाने में,
दादी की सास और अन्य जन
पहचानते थे अपना कोह-व्याकुल मन
पहचानते थे उदास साँझ और रात
फूल-सा चन्द्रमा
आँख में धूल फेंक
रुला रुला कर छोड़ता
बाबरा उन्मादी पवन।

वो भी जानते थे
कनेर के बीज, गुड़
पोटली का सिन्दूर,
यह सब जानते थे वे :
पुरानी नदी के दह का काला स्याह पानी
साखी अन्धे इतिहास-सी
घने बरगद की वह डाल।

□

शत्रु

सब कुछ इकट्ठा करते हैं
अपने शिविर में,
मारणास्त्र, हथियार :
तरह-तरह के इंजेक्शन,
दवा की असंख्य शीशियाँ,
गंगाजल, अंगूर, अनार
डॉक्टर, नर्स और रक्त की बोतलें
इकट्ठा करते हैं
तमाम भाले, ढाल, धनुष और तूणीर
अपनी सारी आशाएँ, अपने विश्वास
सारी विनती प्रार्थनाएँ।

सभी इकट्ठे होते हैं
हमारे शिविर में
उन्हें रखते हैं चक्रव्यूह एकान्त केन्द्र में
बेटा-बहू, बेटी-दामाद, नाते-रिश्तेदार
खेल में मस्त रहने वाले
नाती-नतनी, आत्मीय जन
योद्धा वर्ग, एक से बढ़कर एक,
दृढ़ और बलवान
युग-युग जी-जान से लड़ने को
पूरी तरह तैयार।

अस्पताल के उसी अनासक्त कमरे से
बरामदे के तेल-सी चिपचिपी

खाली बेंच से
कभी-कभी दूर दिगन्त रेख पर
शत्रु का शिविर
धुँधला-धुँधला दिखता है,
फहरती है दुर्जय पताका
भोर के फीके नक्षत्र
और पौ फटने की घड़ी में
कभी मध्य रात्रि के खामोश चाँद ; और
थके-माँदे झीने कोहरे में
सुनाई देती है
शत्रु शिविर की चहल-पहल,
हल्की नींद अथवा सपने में
मानो शत्रु-पक्ष के गुप्तचर के
क़दमों की आहट सुनाई दी।
क्या कोई आकर घूम रहा है
चुपके-चुपके
खिड़की के बाहर धुँधले अँधेरे में।

हम रहते हैं होशियार, चौकन्ने
और जागे हुए निरन्तर
कौन जाने शत्रुपक्ष कब
बर्गी-सा[1] घुरा आये
सामने उनका दृप्त सेनापति उज्ज्वल मूर्ति
पिंगलवर्णी आभा
आँखें रक्त पद्म-सी सुशोभित
रिरियाहट सुनाई दे रही होगी
अश्व-हेषा, गज, बाजि और धूल
अक्षौहिणी सेना के भीमनाद से काँप उठेगा
पलक झपकते स्तब्ध त्रिभुवन।

---

1. मराठा आक्रमणकारी

काले घोड़े या भैंसे की पीठ पर
बैठे होंगे वे
नंगी करेंगे अपनी तेज तलवार
शत सूर्य को कोसकर
उसी प्रकाश में अन्धे हो
हम आँखें मूँद लेंगे।
फिर लड़ेंगे जी-जान से
तलवारों की टकराहट से
बह जायेगी स्फुलिंगों की नदी
पर ऐसा तो कुछ हुआ नहीं
अचानक लगा, मानो
जेठ में बह चला असमय मलय
आम के बौर की महक से
कोयल की कूक से
कहाँ अदृश्य हो गयी
दवा और स्प्रिट की परिचित गन्ध
महक उठी आकाश में चाँदनी, झिलमिल तारे
किस अद्‌भुत अपार्थिव खुशबू से
पल भर में विभोर हैं
स्थावर, जंगम, पशु,
कीट, पक्षी ससागरा धरा।

मनभावन यह सूक्ष्म बाँसुरी की धुन
कूक उठी किस माया से सबके कानों में
क्या वह सुरभित हवा का स्वर था
या कोई भूला-भूला-सा बाँसुरी स्वर
पिछले जन्म में सुना ?

उस मधुर निद्रादायी तान से
शिविर में सब सो गये

वह था कितना पल,
कितना युग
जिसके बाद टूटी नींद
कौन जाने
देखा, सब पड़ा है
इधर-उधर छिन्न-भिन्न
हमारे भाले और ढाल,
धनुष और तूणीर
तरह-तरह के इंजेक्शन,
असंख्य दवा की शीशियाँ
गंगाजल, गीता, अंगूर, अनार
असहाय, तितर-बितर हमारी सारी आशाएँ
हमारी सारी साँसें, आकुल प्रार्थनाएँ।

हमने देखा खाली कमरा
घर के बाहर रास्ते में बच्चों के
'घर-घर' खेल को क्या वाकई
अविवेकी जीप कुचल गयी
एक बच्चे ने रेत पर
मन्दिर घर, रास्ता-घाट बनाया था
मानो उन सबको आकर
चाट गयी
समुद्र की लहर।

लेकिन खाट पर वह नहीं है
जिसे चक्रव्यूह के केन्द्र में स्थापित कर
पहरा दे रहे थे योद्धा वर्ग, सम्पूर्ण सेना :
है सिर्फ़ मिट्टी का पुतला रूपहीन, शब्दहीन
मिट्टी में लौटने को अधीर।

□

मुनू के लिए एक कविता

क्या यह सम्भव था हमेशा
कि मेरा हाथ पकड़े
पीछे-पीछे
पतली मेड़ के किनारे-किनारे
तू सुरक्षित चलता रहे ?
दोनों ओर जीवन की कँटीली, कीचड़ भरी राह
अन्तहीन दूरी तक
इसी तरह फैली रहती।

उसी तरह चलता रहता
जैसे गया था
तमाम अनिच्छाओं के बावजूद
आँसू छलछलाई आँखों से
पहले दिन स्कूल
अनजाने भय से हाथ पकड़े हुए
अस्पताल के सफ़ेद बिस्तर पर
समुद्री लहरों के सुरक्षित फेन और
लौटते पानी को छूने।

एक दिन मैं भी इसी तरह
हाथ पकड़े गया था
किन्तु समय आता है
हम सबको अपना-अपना रास्ता
काटकर जाना पड़ता है,
सुदूर जंगल, पहाड़, नदी,

जनपद, शून्यता, अन्धकार
बाघ भालू, देवता किन्नर
सबका सामना करना पड़ता है
अपना-अपना रास्ता
खुद तलाशना पड़ता है।

दो :

बाघ-बकरी का खेल
हमने कितना खेला है साथ-साथ
अब मैं आगे
बाघ से सुरक्षित दूरी पर तुझे
रखने को जूझ रहा हूँ
जिस तरह तेरे दादा जी जूझा करते थे।
कल तेरे पिता को जब
बाघ ले जायेगा
तू बाघ का,
काले मिसमिस भयानक बाघ का—
सामना करेगा !
और दूसरों को सुरक्षित दूरी पर
रखने की कोशिश में
जी-जान भिड़ा देगा
जब तक कि वह तुझे ले नहीं जाता
इससे अपना मन छोटा मत करना।

तीन :

दुःख से टूट जाने पर,
एकाकी लगने पर
दसों दिशाएँ सुनसान
अन्धकार दिखने पर
मन मारकर बैठ मत जाना।

सामने के रुग्ण गेंदे के फूल से
उसका नाम-गाँव पूछना
अधमरे बेला के पौधे को दोस्त बनाना
सुबह से धूल खेलने में मस्त
अपनी तरह शैतान गौरेयों को
हाथ के इशारे से बुलाना
देखना, पल भर में वे
पूरी तरह तुम्हारी ही हो जायेंगी
जैसे जन्म-जन्मान्तर की साथी हों
इतना बतियायेंगी, मुस्करायेंगी, रोयेंगी
जिसका अन्त नहीं होगा
वही सुख-दुःख की बातें
एक-एक महाभारत से भी बड़ी

और भी अनिर्वचनीय सुन्दर
देखना किसी भी शास्त्र में
वह गूढ़ रहस्य नहीं है
और ध्यान से सुनने पर
पल भर में सामने स्वर्ग दिखेगा
अँधेरे में चारों ओर
रोशनी फैल जायेगी
शरद का सूना आकाश
रूप-रंग से दमक उठेगा
चारों ओर जीवन चहक उठेगा।

चार :

टूटे-फूटे अपने शब्दों में जो
माँगें रखता था :

"हमारी माँग कच्चे आम
हमारी माँग सरग का चाँद"
तेरी यही माँग हर वक़्त बनी रहे
धूल-धूसरित हाट-बाज़ार में
और कुछ न माँगना
न हाथ पसारना, न माँगें रखना
हाथी-घोड़ा मत माँगना,
पिपिहिरी बजाने को मत कहना
माँगना कि सारे अधमरे पेड़
फूल-फल से लद जायें,
माँगना नहीं सामने की ताकों में सजे
रंग-बिरंगे खिलौने
दूर आकाश का गोल-मटोल चाँद
कोई पेड़ मत उखाड़ना,
हरी-भरी डाल मत तोड़ना
तोड़ने मत देना।
पेड़ रोएगा न !
अँधेरे से, शून्यता से
अन्तहीन लड़ाई में
जानता हूँ, तू हमेशा
मेरा सबसे विश्वस्त सैनिक है
और लड़ते-लड़ते यदि
एक दिन तेरा सेनापति
नीचे गिर जाय
तो हार मत मान लेना,
समझौता मत करना,
आँखें मत छलछला लेना
झण्डा जोर से पकड़कर
थामे रखना, जूझते रहना
याद रखना, जूझना ही हमारी तक़दीर है।

पाँच :

सबसे दर्दनाक,
सबसे निष्ठुर और कपटी
जो दुःख है,
उसी को अति अपना बनाकर अगवा ले जाना
अगवा ले जना
उस अनिन्द्य रूपवती लक्ष्मी को
हृदय के अति गोपनीय कक्ष में
लीप-पोंछकर साफ़-सुथरा कर
उन्हें वहीं स्थापित करना,
कलश रखना
भृगु ऋषि के चरण चिह्नों-सा,
पूरे सीने में
रक़्त की पूरी झील में,
मांस के पूरे शहर में
देखना, उन्हीं के अपूर्व सुन्दर
नन्हें चरण पड़े होंगे।
किसी को वह दिखाना मत
अपना बनाकर सहेजकर रखना
छुपाकर रखना
वे रहेंगे तो दुःख का भण्डार
भरपूर रहेगा चिरकाल !

उस भण्डार की महिमा
किसी के आगे मत बखानना
उस अन्तरंग अव्यक्त यन्त्रणा की
घनिष्ठतम, गहरे दुःख की इतिकथा
बात-बात में मत दोहराना
आँखों की पलकों पर
हाथों की मुद्रा से

व्यवहार से, सम्पर्कों से
उसे फैला मत देना,
बातूनी मत बनना
वरना पल भर में सारे सपने
बिला जायेंगे।

सहेजे रखना
उस गाढ़े अँधेरे को,
अव्यक्त सिसकियों को,
मूक बन जाना, मुँह मत खोलना
तब शायद तू देखेगा
उस यन्त्रणा से निचुड़े सत में
हर शब्द तेरा है,
हर उच्चारण तेरा
होगा उद्दीप्त
आर्द्र रसीले शब्द भीगकर,
गुमसुम होकर
अंकुरित होंगे, पल्लवित होंगे, जड़ पकड़ेंगे।

जड़ पहुँचेगी पाताल में
सिर लगेगा स्वर्ग में
काले-काले पत्तों से, फूलों से
पेड़ लद जायेगा
दुःख के बया घोरालों में दर्द के कलरव से
दसों दिशाएँ मुखरित हो उठेंगी।

छह :

एक बात और।
अन्दर देखने पर यदि तू देखे
वहाँ अद्भुत दलदल कीचड़ अन्धकार है

काले-भँवर पानी के नीचे दलदल ही दलदल है
तो खीझकर, गुस्से से, आसक्ति से
ऋषि बनने कि लिए
देवता बनने के लिए
वह दलदल और कीचड़
निकालकर फेंक मत देना
वरना दुख की भावोद्रेकी शोभा का
वह लुभावना कमल
फिर कभी न खिलेगा !

□

दादी माँ [एक]

आषाढ़ तो अपनी ही ऋतु है।
चढ़ी नदी, पटसन की क्यारियाँ,
कँटीले घेरे लाँघ गाँव पहुँचने पर
तुम दूर क्षितिज-सी
बैठी होती हो।
छप्पर से पानी
टुप-टुप गिरता हैं
बादल झुका होता है
हमारे चबूतरे पर
चकुली पुए की महक
और छप्पर पर
पेठे की बेल से निकला धुआँ
अँधेरे में मिलकर चारों ओर छा जाता है,
टीले के उस छोर से
खंजड़ी और
''अरे, क्या ले जायेगा तू इस दुनिया से....'' की तान
बह आती है
आहत समय और अँधेरे के सेवार से
तुम दिखाई देती हो
केकड़े-सी आँखें दोनों
निर्लिप्त, अंतरंग, सुदूर।

जाड़े में मुँह छिपे शाम को पहुँचने पर
बैठी होती हो तुमं
उसी बाहरवाली कोठरी में

हवा में मालपुए की महक,
भित्ति पर दुर्गोत्सव के चित्र
चिड़ियाँ, लताएँ और हाथी
चकमकाते हैं
कहीं शाम की आरती होती है
और तुम दिखती हो
हू-बहू देवी प्रतिमा
हमारे टूटे मन्दिर में।

वैशाख की लपटों में पहुँचने पर
मिलती है राहत
तुम्हारे दुःख की पसरी बरगद-छाया में
गहरे पानी-से ठण्डे
तुम्हारे शब्दों की सरल नदी में :
पास आकर चुप्पी बन बैठ जाती हो
पकड़ी हुई नन्हीं चिड़िया-सी दिखती हो
निःशब्द तुम्हारा स्नेह डोलता है परछाई-सा
घिरते अँधेरे में।

तुम्हारे सन्दूक से जुगनू उड़ आते हैं
भात की थाली पर।
आम की डालों के अँधेरे में वे
क्या ढूँढ़ते हैं ?
''और थोड़ा खा ले''
बात खत्म होने पर
सारी रात सन्दूक से सुनाई देती है
स्मृति की तुरही
न जाने कितनी शहनाइयाँ दशहरे की
चूड़ियों की कितनी खनक
दबी-दबी-सी बातें
और रुलाई की लहरें।

रात अधिक होने पर
सन्दूक की चीकट चूने के निशान भरी
मोटी चादर पर
नन्हें-नन्हें लाल पत्ते
मुस्करा उठते हैं;
तारे टिमटिमाने पर
आम के बौर की खुशबू से
महक उठता है घर
चाँद मुरझाने पर
कोयल का गीत सुनाई देता है
उसी पुराने सन्दूक की डाल पर।

साँझ की दो बातों से
आता है समय वसन्त
बहता है उन्माद पवन
निष्प्रभ दीप अन्धी कोठरी में।

□

दादी माँ [दो]

दियासलाई की डिबिया-जैसी बस में
तीलियों से लदे मनुष्य
उबड़-खाबड़ रास्ते, महानदी, नाव से पारकर
बोझिल होते बादल, झिपिर-झिपिर बारिश
गरौंची, घोंघे, केंकड़ों भरी पतली मेड़ :
ये सब पार करते हुए पहुँचने तक
अँधेरा घिर आया था।

वह कहा करती थी—हमारे गाँव तक
पहुँचने में स्वयं यमराज को देर लगती है।

बहुत देर हो चुकी थी
सब कुछ खत्म था
सगे-सम्बन्धी सारा इन्तज़ाम कर चुके थे
उसकी दूसरी लम्बी यात्रा शुरू होने को थी
हमारे कन्धों पर नदी-किनारे श्मशान तक।
उससे पहले बैलगाड़ी में एक बहू आयी थी
उबटन लगाकर अपने मायके से हमारे गाँव।

''मैं तो ढहता किनारा हूँ ,
बीच-बीच में आते रहना बेटे,
कहीं तुझे देख ही न पाऊँ !''
ढहते किनारे का पेड़ अँधेरी
नदी के प्रवाह में बहता चला जाता है
अब शब्दों की ज़रूरत न थी।

अन्दर कोठरी में सफ़ेद चादर उठाकर
देखा मैंने इतिहास का मुख :
आसमान-सा शून्य, मिट्टी-सा निर्वाक्
खामोशी ने एक बार फिर उसाँस ली।

रात, झींगुर, बाँस के झुरमुटों में जुगनू
आसमान में कुछ टिमटिमाते नक्षत्र
नीम का पत्ता चखने के बाद
अपनी-अपनी राह लौट गये थे
उदास गोबरलिपी दीवार पर
परछाईं नाच रही थी।

दीवार की ओर मुँह किये,
हमारी ओर पीठ
पिताजी रो रहे थे।
उन्हें रोते देखा था
पहली बार मैंने,
भला क्या कहता उनसे ?
बाहर आकर आकाश की ओर ही देखा
जहाँ वह थी एक और नक्षत्र।

उस दिन समझा मैंने
जीवन में हर रुलाई
छिपकर-छिपाकर रोयी जाती है।

□

तुम्हारा गाँव

लम्बी दुपहरी जलते-जलते
अन्त में फीकी पड़ जाती है
खड़ी घाटी कुर्ते के बटन खोल
दूर से आते निर्जन पथिक को दिखाती है—
रक्त-धुला दिगन्त
एक-दूसरे का हाथ थामे
तुम्हारे गाँव के चारों ओर
पुचि खेलते असंख्य पर्वत।

तुम्हारी गाल की चिकनी सीढ़ियों से
सूर्य जल्दी-जल्दी उतर जाता है
दो पहाड़ों का चिमटा
दहकते आग के उस टुकड़े को
डाल देता है
गीली हवा की नीली शून्यता में।

काले शाल के पेड़ से
मेरी हताशा मित्रता करती है।

तुम्हारे गाँव में
माटी की चित्रित भीत पर
हाथी नाचते हैं
शाल की लम्बी देह में
फूल खिलते हैं
मधुमक्खी के छत्ते होते हैं

शहद ढूँढ़ता, फूल ढूँढ़ता एक धाँगड़ा
उतर जाता है, कूद पड़ता है
नीले अँधेरे में, गीले तारों में
टूटे, रौंदे फूलों में।

उस पुष्पित नाभिकेन्द्र से
कभी कोई लौटकर नहीं आता।

तारों की रोशनी
चुप्पी की हाँडी तोड़ डालती है
एक-दूसरे का हाथ थामे, पैर पटकती
सारी हताशाएँ नाचती हैं
मुट्ठियों में इन्द्र-धनुष
परछाइयों की आँखों में रोशनी
चेहरों पर अनजानी पीड़ा लिये।

दूसरे दिन सुबह
हम लौट आते हैं
दोनों पहाड़ों के बीच सिर टिकाये
तुम्हारा गाँव तब भी सोया होता है
पूतना के दो विशाल
स्तनों के बीच बाल-कृष्ण।

□

मुर्गा लड़ाई

आमने-सामने दो वीर
अस्त्र-शस्त्र सज्जित सिर से पैर तक
अनजाने क्रोध से पतली गर्दन फूल उठती है
रण-दुन्दुभि का उद्घोष : सम्मुख है समर।

अब कीचड़ में
कीड़े-मकोड़े नहीं ढूँढ़ना है ;
भूखी बिल्ली और उससे भी भूखे
मनुष्य की लालच से
खुद को बचाकर
इधर-उधर छुपने की भी ज़रूरत नहीं
पूरी शताब्दी की नामर्दी को पीछे छोड़
सारा गाँव, युद्ध की हुंकार,
रिरियाहट, चीत्कार से काँप उठता है
कुरुक्षेत्र छिड़ जाता है मेदिनी दहलाकर।

दोनों वीर कुछ नहीं समझते
क्यों है इस रण की सजावट, कौन है शत्रु
क्यों है यह घमासान युद्ध
किस कारण इस शान्त धरती पर
छलकता है यह समुद्र-गर्जन !

अस्त्र स्नायु को खींचता है, गर्दन फूल उठती है
खून में लगती है आग
लगता है पंख सारे उड़ जायेंगे

मांस की पकड़ से
क्रोध-द्वेष समा जाता है रग-रग में
पलभर में महायुद्ध
मारना मरना ही है अन्त
साँझ उतर आती है धीरे-धीरे
खून से धुले पश्चिमी आकाश में।

वह भी पल-भर के लिए,
उसके बाद सबकुछ समाप्त।
गोधूलि का रंग मिट जाता है
आसमान में अँधेरा मँडराता है
खून टपकता है, रंग टपकता है
दिन बीत जाता है।

हाथ में लिये मांस का खामोश लोथड़ा
सारा गाँव चुपचाप लौट आता है
अभिशप्त शिशु-सा,
चारों ओर खामोशी,
गहरी साँसें।

□

दूसरा दृश्य

कई दिन बीते उस घटना को
फिर भी मैं अनपढ़ ग्वालिन
भूल नहीं पाती।
दही मथते समय
खाने की थाली के सामने बैठ
'और थोड़ा खा लो' कह दुलराते समय
अथवा गायों के लौटने की प्रतीक्षा करते सूने पहर में
हठात् वह दृश्य फिर से उभर आता
सर कैसा भारी भारी लगता और घूम जाता
अचानक विचित्र काला समुद्र
विशाल उँची लहरों के साथ घुस आता, और
उसके काले बादलों से अँधेरे जाल में
सूर्य, चन्द्र, ग्रह, तारे, पहाड़ और जंगल
मछलियों जैसे किलबिलाते छटपटा रहे होते
अनहोनी जैसी देखी उसकी जिह्वा पर
उस काले दिन में।

कुछ भी मैं समझ न पायी। मैं कौन ?
इस अद्भुत नाटक की क्या एकमात्र भयातुर द्रष्टा ?
स्वामी, सखी सहेली सभी कोई कभी समझ न पायेंगे
कभी विश्वास न कर पायेंगे। किसी तरह कर भी लें ?
दसियों दफे मुँह खोलकर
हँसते हँसते लोट-पोट हो मेरी बातों से
यशोदा सचमुच पगली है। कितने सुन्दर दो दाँत
बारिश के दिनों के कुकुरमुत्ते के,

कितने सुन्दर लाल होंठ
उसके भीतर
सामान्य मिट्टी खाने के प्रत्यक्ष प्रमाण छोड़
और तो कुछ भी न था।
सचमुच वह दृश्य कहीं
खत्म होते रात के आखिरी हिस्से में
देखे घोर दुःस्वप्न की तरह
बचा रहा वह दुष्ट लड़का, कुछ न हुआ जैसे
खड़ा, धीमे-धीमे सिर्फ़ मुस्करा रहा था।

मन कहता, यशोदा सारी बातें भुला दे
जो देखा वहम है, अहैतुक अनोखा सपना
समय अपने पाँव तोड़
कभी भला चुप खड़ा रह सकता है
अनेक मन्वन्तर पलक प्रायः सजाये काली आँखों में
हाथों में करोड़ों विश्व दीप जैसा धरकर आँचल ओढ़ाये ?
गायों के लौटने का वक़्त पास आ रहा, मेरे मन के गह्वर में
कितनी सुन्दर चकचक नीली आँखें पंखुड़ियों-जैसी
कितनी सुन्दर तलवार-सी पैनी नाक, लाल-लाल होंठ
बातें सारी उड़ आतीं
छोटी-छोटी चिड़ियों के कोलाहल से
सिर्फ़ देकर ओंठों के कंकाल।

स्वयं का परिचय दे समझा-बुझा देता
नासमझ मन को
मैं यशोदा, गोपराज नन्द की गृहस्वामिनी
यह मेरा घर, गाय-बछड़े, संगी-साथी, दास-दासी
मेरे बेटे का नाम कन्हैया ,
गायों को चराता, मक्खन दूध चुराता
बेतरह बदनाम उसके संगी साथी

गोपियों की नज़र में
सर पर मयूरपंख, होंठों पै बाँसुरी
अभी पहुँचेगा धूल से नहाया हुआ
द्वार से ही सुनाई देगा
माँ खाना परोस
बहुत भूख लगी है।
भीतर आ जायेगा मन्द मन्द मुस्काता।

लेकिन यह सिर चकराना, यह अँधेरा, यह विषाद ?
भुला न पायी शत चेष्टाएँ सारी सचमुच
राजा के वैद्य, हकीम जितने सारे
सबों की एक राय—कोई बीमारी नहीं
फिर यही काला दृश्य
रह-रह क्यों दिखाई देता मुझे
साक्षी किसे बनाऊँ
कौन भला करेगा विश्वास ?

कैसे सहूँ यह सूनी मायावी कसक
जिसमें और कोई भागीदार होगा नहीं—
दिखा पाऊँगी नहीं
समझा पाऊँगी नहीं क्या देखा मैंने
न दिखा पाने न समझा पाने की
कितनी अद्भुत है यह पीड़ा
कितना भारी है वह अन्जाना शोक
कौन भला समझेगा अनपढ़ ग्वालिन का मन !
सब अलग-अलग लगते राजदरबारी,
स्वामी और पुत्र
संगी साथी, मेले और उत्सव खुशी चाँदनी रात
सभी लगते बिजूके, सच नहीं, मुँह नहीं मुखौटे
सारी छाया-सी बहती अशरीरी प्रतिमाएँ

मैं कौन ? ये सारे कौन क्या हैं ? कैसा खेल ?
क्या सम्बन्ध इन सबसे मेरा, जान न पायी बिल्कुल।

तो भी मैं पति की चहेती पत्नी
कान्हा जैसे बेटे की जननी
कौन किसका स्वामी पुत्र ? सिंहासन पर बैठी
पत्थर की एक मूर्ति ?
कौन किसका वह भीषण अजाना असुर ?
मुझे हँसना होगा
रोज की तरह हँसती बैठूँगी
मुड़ी-तुड़ी माधवी, प्रतिमा या सुचित्रा
जैसे बैठूँगी पति के सामने
थोड़ा और खिलाऊँगी भात लाड़-प्यार से
गोधूली का सूनापन कट जायेगा
बेटे के लौटने का पथ इसी तरह निहारते।

अन्त में बाकी दिन पानी की तरह बह जायेंगे
धीरे धीरे मुरझायेंगे—पति, पुत्र, स्नेह और सुख
आँख, कान, दाँत भी ;
दिखता रहेगा,
सुनाई देता रहेगा वह दृश्य दूसरा
हँसते और हँसाते दिन बीतेंगे
सिर के बाल एक-एक कर सफ़ेद होते जायेंगे
सबके लिए अजाना यह घनकृष्ण अनुभव
चुपचाप अकेले छाती के नीचे अंकित हो
मेरे साथ श्मशान जायेगा।

□

मतदान केन्द्र में

जंगली पहाड़ी रास्तों से घिसटते घिसटते
आखिर हमारी जीप
तुम्हारा गाँव छू सकी।

अभियात्री, हम सब तलाशते रहे
सूर्य के भीषण गर्जन के बीच से निकालने
सुन्दर अद्भुत एक ऐक्यतान
अपरिचित एक मेलोडी
व्यक्तिगत यन्त्रणा की पाँसे की बिसात के
आराम-कक्ष के बीच से
सार्वजनीन, व्यक्ति निरपेक्ष दिशा-निर्देशन।

न हमारी अँधेरी आशा आकांक्षा
न हमारी विविध-कौशल की युक्ति
पोस्टर, प्रतीक, शपथपत्र, हैण्डबिल
कुछ भी तुम्हें प्रभावित नहीं कर पाया
तुम्हारा दुःख हर साम्राज्य के अस्त के पश्चात्
बचा रहा !

तुम्हारे सीने से
ठण्ड से काँपते नाती नवासे जाग उठते
जब तुम आविष्कार करते
राख जैसी मुर्दनी हमारे चेहरे पर
नीरव मूक कई उपकथाएँ।

यहाँ जो सब मन की धारा मोड़ दे, सिद्धान्त दे
कोई भी खास बड़ी बात नहीं
यां इतनी दबी छुपी भी नहीं
सस्ती प्लास्टिक, उससे भी सस्ता नायलोन
सूर्य-दीप बुझाने के लिए काला चश्मा।

भूख में एक पाँव
आत्मा में दूसरा
तुम मतपत्र अँधेरी पेटी के गर्भ में डाल
चुनते हो वही यन्त्रणा !

□

शाम को लौटते, आदिवासी गाँव से

अजानी लता की हरी दिग्वलयी आवाज़
चम्पे की कली-सी नरम अँगुली दूर संगीत की ललित लहर
घास पर तारे-सी उतर आती
अपरिचित चिड़ियों के फूलहार,
और क्या बचा, और लौटूँ क्यों ?
वही पुरानी झूठी बात, वही झूठी आशा !
वही दरवाज़ा खोलना
वही घर में दाखिल होना
उसका सामना करने की मुझमें हिम्मत है कहाँ ?

मैं क्या जानता नहीं !
रात की पाली के कोहरे में गुम हुए सिपाही की तरह
नशीली हवा में पैंतरेबाज़ी करते कबूतर सारे
टेलीफ़ोन उठाकर मुझे कभी बुलायेंगे नहीं ?

और जीवन सारा मैंने सीखा ही क्या है ?
सीखा है शहर की सारी जितनी आख्यायिका
चेहरे-विहीन गुज़रे कल के जले शब्दों के भीतर
पलातक भूखी कल्पना के जितने रूपक ढूँढ़ते
अग्निमयी आत्मा का सारा उद्वेग
जो तथ्य की राख बन बिछ जाते हैं
गहमहाते पेवमेण्ट के ऊपर

मैं भी जानता हूँ
सूर्यास्त पहाड़ का सुदीर्घ चित्रपट

मेरे जमे-बँधे रक्त में आग तो नहीं लगा देगा
बर्फ में तब्दील मेरे हृदय में
ग्रीष्म का झरना तो नहीं खोल देगा
पत्थर से पत्थर में कुलबुलाता संगीत
तरल आग की पदावली
मेरी स्थिति के चारों ओर तो अंकित नहीं कर देगा !
मेरी टूटी-फूटी अधखुली हड्डियों में
अपनी नर्म अँगुलियाँ घुमा जीवन्यास तो नहीं देगा !

ये न सोच लेना कि नीले पहाड़ पर पर्दा तान देने से
लौटना बहुत सहज था
वह भी किस वक़्त !
उस वक़्त जब कुछ कहना अच्छा नहीं लगता
किसी में मन नहीं लगता
किसी से सान्त्वना नहीं मिलती
घास के प्रेम के लिए भूखा हृदय लौटता है
निर्वासित की किस्मत सराहते-सराहते।

लेकिन और क्या घट पाता !
चारों ओर बिखरी घिसटी धूल-धूसरित शाम का
मैं ही तो पुराना क्रीतदास
अर्थहीन शब्दों की माला की वह जैसे तृप्ति और निर्वाण
उसी की विनयी प्रजा और पुरानी मेरी गुहार
अँधेरे में मुझे लौटना ही होगा
जिस वक़्त क्षीण वसन्त साँस रुकने में मरेगा
अर्थहीन शब्द और अप्सराओं के लीलारत सूक्ष्म आघात से
गुज़रे सारे कल के रौवरौवकार के नीचे
और डूब रहे सूरज की शून्यता के भीतर रो ही
उसके लिए खोदी जा चुकी होगी कब्र।

□

नीरवता में कवि

पिता नाना पूर्वपुरुष
इन्होंने शब्द ही छोड़े
कितने वे शब्द
हरेक एक एक विश्व, पृथ्वी
स्वयं अनन्य वस्त्र, स्वयं ही उपमा

लगता है, वे ही सारे शब्द
घेरे हुए हैं हमें,
अनादि काल से उच्चरित
उसी शब्द से
एक भी गुमा नहीं, टूटा नहीं
सारा आकाश भरापूरा
उन्हीं शब्दों की भीड़ से।
वही सारे शब्द आहत हृदय की डूबी दिलासा से
शोक आनन्द हँसी रोने की—
इच्छा में, हुंकार शृंगार की वेदना के।

समय की अन्तिम गली-मोड़ पर
वे ही शब्द सारे
तुम्हारी ही प्रतीक्षा करते हैं कवि !
उनका उच्चारित प्रत्येक शब्द
महा-चुप्पी की लग्न में
तुम्हारे समय में ही
चन्दामामा जैसे झर जाते हैं
सारा आकाश शब्दों के उन्हीं फूलों से

वसन्त के बागीचे
जुटाते हैं एक सहानुभूतिशील कवि-मन।

आकाश से झरते हुए मेघ और शिशिर
आकाश से खिसकती हुई तृषार्त्त उल्का
उसी शब्द की छाया में ही सिर गुँजाते
कवि, तुम्हें क्या मालूम नहीं
एकान्त में सिर्फ़ उस नीरवता का
संगीत ही सुनाई देगा !

दो :

शब्द को शब्द पुकारता है
हाथ बढ़ाता है, मित्र बनाता
प्यार करता, खिलाता, गोद में लेता है
इसी से हवा बहती है, चाँद खिलता है
सारे पौधों में फूल खिलते, सुगन्ध बहती है
धान की बाली बालियों में दूध भर जाता है
नदियाँ समुद्र की ओर दौड़ जाती हैं उद्वेग से
आकाश में तारे खिल उठते हैं
हरेक आँख में अँधेरा करती
ज्योति प्रसारित होती है।

शब्द में पृथ्वी के सारे रंग
आकाश के बादल के समुद्र के
शब्द में पृथ्वी के सारे स्वर
उत्तप्त कामना के, अतृप्त प्यास के,
शब्द में पृथ्वी के सारे स्पर्श
दुःख के मृत्यु के
शब्द में पृथ्वी की सारी सुगन्ध
पीड़ित जीवन की, अहेतुक दुःख की।

कवि सिर झुकाये विनय से सुनता है देखता है
शब्द कविता बनते जाते हैं।

तीन :

कवि, तुम्हारी कविता की दो पंक्तियाँ
याद आती हैं
''पूर्णिमा का चाँद खिलते समय
संझा-बाती जलाते समय
आदमी ने घर में क़दम रखा
चारों ओर सिर्फ़ गेंदे के फूलों की सुगन्ध।

कितनी सदी तक फागुन में
रुपहला चाँद खिला
तुलसी के चौरे पर संझा-बाती करते समय
किसके मन का मीत वापस हुआ
कितने सदी तक चारों ओर
गेंदे के फूल की सुगन्ध महकेगी !
कितनी सहस्र सालों बाद फिर जब
फागुन का सुनहला चाँद खिलेगा
संझा-बाती करते समय मन का मीत
घर में क़दम रखेगा
तभी चारों दिशाओं में
गेंदे के फूल की सुगन्ध महकेगी !
यह घटना तो फिर समाप्त होगी नहीं कवि !
खत्म हो पायेगा नहीं
समय के बाहर जो शेषहीन समय
उसी की छाती पर सूने-चन्द्र रहने तक
यह घटना घटती रहेगी
इसी की खातिर ही तो
वह शब्द की भणिता नहीं

वह तो अब कविता की बात है।

चार :

हरसिंगार ध्यान मौन रात में
सिरे से ख़ुद को उखाड़
धूल की सेज में सोये
कवि ! तुम मत रोओ।

चिरायत सुबह
अर्खित रुग्ण विकल
शायद आ खड़ा होगा
झरे फूल की हर सीढ़ी में
वेदना की हर सिहरन में।

आँसुओं का आषाढ़
हृदय-आकाश में उद्वेलित तो हो !
शिरा-प्रशिराओं में
दुख की वन्या उछले, यही तो !
फिर भी, फिर भी कवि
चुप रहता है।

वे कहें, कहना जिनका पेशा
वे रोयें, रोना जिनका पेशा
शेफाली झड़ने पर
माँ-विहीन बच्चा आधी रात में स्वप्न देख रोये
आहत पवन खिड़की के नीचे आ रोने से
क्लान्त गौरेया के आसमान में गुम हो जाने से कवि
तुम निःशब्दता में
और एक बार गुम हो जाते हो,
अन्तहीन सौर-पथ में अनन्त महा-मौन में

शब्द कहाँ शब्द कहाँ है कवि !
अन्धकारमय गोपनमय शोक के लिए ?

इसीलिए, तुम जानते हो कवि,
शेफाली झर जाती है
बोलती नहीं, शब्द की उसे ज़रूरत नहीं
बात कहने के लिए वह
शब्द ढूँढ़ती नहीं।

□

आत्मज्ञान

जो मैं जानता नहीं, पेड़ों को पता है
कि शीत को पसन्द नहीं फलों की रँगीली पोशाक
लाल-लाल होठ, और हिप्पीनुमा पत्तों के बर्बर केश
हरित मुस्कान, सपनों से भारी-भारी आँखें
हँसी-खुशी, आँखों के इशारे, गपशप बेपरवाह
अलसाये प्रहर की हवा में झूलना...आँख मिचौली
गुदगुदी और शरारती पक्षियों की पुकार।

जो मैं नहीं जानता, गौरैया भी उसे जानती है
शीत ऋतु सहेगी ही नहीं,
ढहते साम्राज्य का श्वेत-केश सम्राट्
बैठकर जीर्ण सिंहासन की शून्यता में देखेगा,
चारों ओर सुनसान, निःशब्द निस्तेज रक्तहीन धूप
खाने को दौड़ता है
सबके बीच खोंखों खाँसने का स्वर चिड़चिड़ाता—

इसलिए वह गौरैया जानती है
महामान्य सम्राट् को पसन्द न होगा
आसानी से डैने खोल, फुर्र से उड़ जाना
डाली से डाली पर
मनमौजी गीतों से भर देना शून्य प्रहर को
पेड़ों के झूले में झूलते, ढेरों चुटकुलों में खोये रहकर
पल भर को भी आँख मूँदे बिना
नाचना, सारी दुपहर।

इसलिए यह इतनी सारी तैयारियाँ
छूँछा और उदास रूप
हाथ-पैर, जले लुआठे-से, हीन
काले-काले लोहे के तार-सी पतली उँगलियाँ
एक-एक कर पत्तों को विदा देना, दुःख है दुस्सह
रक्त को अलग कर, हाड़ और मांस से काटकर
रक्त और मांस जिसे सहन नहीं कर पाते
माँ होकर देखना उस असह्य दृश्य को
धूल पर पड़े अपने बिलखते बच्चों को
जब बगीचे का माली उठाता है
देता है आग फिर चिता में
हरित हँसी के जल जाने का दृश्य
श्मशान की गन्ध और नीले-नीले धुएँ की कुण्डली

इसलिए यह आत्मसमर्पण, श्मशान की नीरव तपस्या
पैरों को जलाकर, एक ही जगह खड़ा होना जीवन भर का
भीतर देख, भूलकर बाहर की धरती
चमड़ी के नीचे बहते रक्त के स्रोत, श्रावणी बाढ़ के बाद
आश्विन का नीला जल, माघ की बालुका।

पेड़ को पता है, गौरेया को मालूम है सूरज का आना-जाना
उत्तर से दक्षिण को, छाया का छोटा-बड़ा होना
आत्मा के बोधिवृक्ष पर हरे नील दंगे के बाद
आयी हुई निष्करुण शून्यता को
आज क्या ? कल भी क्या ?
आज भी कभी बन जाता है कल !

इसलिए साम्राज्ञी के पास आत्मसमर्पण
यह सोच कुछ ही दिन तो...
ऋतु आकर चली जाती है, फिर आता है उन्मत्त फागुन

पेड़ हिसाब रखता है अपने हृदय पर
खींचकर एक और वृत्त।

लौटते हैं पक्षियों के गीत, लौटता है वसन्त पवन
हिप्पयों की तरह पत्तों के बर्बर केश
हरित मुस्कान
चपल स्वप्नभरी आँखें
हवा का झूला...आँख-मिचौली
नटखट पक्षियों का कलरव।

मुझे जो मालूम नहीं, पेड़ों को पता है
शीत ऋतु क्या चाहती, क्या नहीं चाहती
गौरैया भी जानती है, आज और कल का फ़र्क़
पर मैं बेवक़ूफ़ जानता नहीं हूँ
कब आती है शीत ऋतु, कब मन मर जाता है
आँखों में भरता आँसू
और कब कम्बल और लकुटिया ले
साम्राट् चले जाते हैं अपनी राह अकेले
हँसी मन को उकसाती है फिर
धान अंकुरित होते हैं, चारों ओर महकती है हवा।

पेड़ और गौरैया जानते हैं
पर मैं मूढ़मति यह भी जानता नहीं
क्यों आती है शीत ऋतु, कहाँ से आती है
क्यों फिर झुकाकर सिर चली भी जाती है—मौन ऋषि-सी
वासंती हवा आती है नाचती-नाचती
पत्ते फूल पक्षियों को लेकर।

□

सूर्यपूजा

उठी हुई अंजुरी के अर्घ्य से
कब प्यास बुझती है उस सम्राट् की ?
उत्तर जानते हुए भी, क्रीतदास
टेकता है हाथ
भुतघरे आदमी की तरह
गुनगुनाता है मन्त्र
जब महाप्रभु सम्राट् पधारते हैं
कुहरे को लाल रंग में रँगते हुए
गंगा यांग्सी टाइग्रिस नदियों के तट पर
हेलिओपोलिस और अर्क-क्षेत्र में
चित्रोत्पला नदी के तट
सिवार भरे तालाब झील और कुएँ के करीब।

आँख के दरवाज़े बन्द, बाहर की धरती बेनिशान
सत्य को आँख से देखा नहीं जा सकता
जलती है आँख
धँस जाता है वह चेतन और उपचेतन के भीतर
अकरुण मुहूर्त में एकाकार कर देता है सबकुछ
जला देता है गूढ़ और निजी अन्धकार
सच, कभी जीने नहीं देता किसी ग़ुलाम का क्षण
अपने सार्वजनिक रूप का हथौड़ा पीट-पीट कर
तोड़ देता है सबकुछ, खुद भी टूट जाता है
दूसरे को जलाना सिर्फ़ उसी के लिए सम्भव है
जो स्वयं जल जाता है, आग की तरह
अन्तरिक्ष की खुली सड़क पर।

महामान्य सम्राट् बन्दी हैं एक मामूली ग़ुलाम के लिए
विश्वास नहीं होने पर भी यह सच है
कि क़ैदी और जेलर दोनों बन्दी हैं
एक दूसरे की आँख और छाती में
इसलिए वे विस्मय से देख रहे थे तमाम ग़ुलामों को
निष्ठुर उजाले के चकचकाते तीर झूल रहे थे
भ्रान्त विश्वास और झूठे दिलासे की तरह
नीले आकाश की निरपेक्ष दमदार छत से।

सुबह हो चुकी है, आँख खोलकर देखता है क्रीतदास
पानी नहीं, उसकी अंजुरी में भरी है आग
धरे है अपना ही सूखा रक्त
आग की उच्छिष्ट हड्डियाँ
मरीचिका प्रिज़्म में धूल की रंगमाला
भस्मीभूत जले केश, धान के गुच्छे
मरे घोंघे, पिछली स्मृति के बच्चे
और मुरझायी हँसी।

उसने अपने को धिक्कारा
बिलख बिलखकर रोने लगा
सम्राट् के सामने माथा पीटते हुए
क्या किया, मैंने क्या किया कहते हुए।

अगर उसे पता होता कि उससे कुछ बनता बिगड़ता नहीं
अश्रुजल का तर्पण और अग्नि में प्रार्थना
दोनों ही तो अर्थहीन हैं सम्राट् की प्यास के लिए,
हाथ उठाकर पानी देना जितना फिज़ूल है
उससे कहीं ज़्यादा फिज़ूल है
उस प्यास में और प्यास जोड़ना
असीम अग्नि की तरफ

भक्ति में और थोड़ी आग झोंकना।

दो :

गुलामों के देश में हम पहुँचे रात होने के बाद
तब तक सबकुछ को राख कर
दिन की श्वेताग्नि हँसी बुझ चुकी थी
चेतना और स्मृति की तमाम क्यारियाँ वीरान थीं
धानफूल, धान की कलगी और हरे पत्ते जल चुके थे
फलों की सम्भावना तक नहीं थी उम्मीद की टोकरी को
खाली थे बोरे खलिहान गोदाम
गुम हो गयी थीं मेंड़ें
मैले चाँद के तले आदिगन्त शून्यता का धूसर समुद्र था।

मरे वृक्ष के पत्तों पर थरथरा रही थी हवा
चमक रहे थे ओसभीगे मोती के टुकड़े
मरी गायें बकरियाँ भेड़ें, बच्चे और बूढ़े
सारे दिन श्मशान में धधकने के बाद
भीग रहे थे उस ओस में
बाहर—धरती, रात, सारा मृत इलाक़ा, प्रभु की करुणा।

सहसा याद आया...
सब कुछ यहाँ कितने फासले पर है
यह आकाश, तारों का उजला शहर
अँतड़ियों के नीचे स्वप्न और सत्य के—
आमने सामने होने पर, जल जायेगा;
कितना पुराना है सब कुछ !

तीन :

हमने देखा वहाँ टीन टीन घी उँड़ेला जा रहा था
पूछने पर पता चला कि यज्ञ की धूम-कुण्डली

आकाश छू लेगी, तो जन्मेगा बादल
बादल से पानी, पानी से जीवन का नया अंकुर
यानी
जीवन दहन का ही दूसरा नाम है
विस्मय हुआ कि
अपनी अस्थिमज्जा में
अग्नि की वेदना जानकर भी
वे समझ नहीं पाये हैं मुक्ति का सरल सूत्र, जो
देह मन के पुनरागमन से उबारता है

इन्हें पता नहीं
रोशनी किस तरह हवा और पानी से मिलकर
बन जाती हैं हरी घास की चादर
प्रकाश, डालों और पत्तों में स्रोत बनकर फिर
बहता है सम्राट् के सिंहासन की तरफ़
जिसका हर पल मृत्यु में मुक्ति के लिए
हाथ बढ़ाता है उनके दरबार में
गिड़गिड़ाते हैं सारे अनुचर और परिषद्-वर्ग।

चार :

प्रार्थना में हाथ जोड़कर
खोजते रहना सिर्फ़ उजाले का शुभ स्पर्श;
जिसके साथ जान-पहचान लेन-देन हरे अनुभवों में
और फिर निविड़ परिचय धूसर मृत्यु में,

इसीलिए हरी धरती जलाकर राख करना
एक साधारण नित्यकर्म है
जैसे जीना और मरना
इसमें अच्छे और बुरे का प्रश्न
झूठ और अवान्तर है।

गोकि ग़ुलाम के भीरु प्राण कभी कभी शंकित हो उठते हैं
स्वप्न देखती हैं आँखें,
अतल समुद्र के नीचे वे निर्वासित होतीं
स्थिर शान्त मूँगे या जेली या अन्धकार के रुद्ध कमरे में
न वहाँ रेत है, न नमक, न धूल न दर्पण
और न ही बिम्ब-प्रतिबिम्ब
जो खींचते हैं हर पल सत्य की ओर
अपनी परछाई के पीछे
छिपे रहने की सम्भावना भी नहीं
क्योंकि बिना रोशनी के
परछाई भी तो नहीं होती।

पाँच :

दरवाज़े की परछी पर वे सब बैठे थे
गोपी भोई, कुशा डेरा, उच्छव प्रधान
शांव उनसे कह रहे थे :
"घबराने की क्या बात है ?
शस्य-हानि, अन्न-हानि, आत्म-हानि हो सकती है
लेकिन जब सम्राट् दया करते हैं
सारा पाप, सारा कोढ़ और अन्धकार मिट जाता है
दमककर जल उठता है प्राणों का उजाला"
बीत गये अगहन और पूस
खाली हैं धान के खलिहान
वे सब ताक रहे थे, निर्वेद और निरपेक्ष पुराण—
आकाश की तरफ़
जहाँ पर मटमैली शाम, अरथी में लदकर
उनकी बीड़ी में राख हो रही थी।

रात में द्वार पर ताला, बाँस के कपाट
सुबह अनजान सड़क, परायी जगह

प्राणों में दूसरा स्वर
बाप-दादों की, पुरखों की ज़मीन पीछे बहुत दूर
हमारी जीप के हॉर्न ने उन्हें अटकाया
बहुत से बच्चों, बूढ़ों, दुबले मलियल युवकों को

''माँ के गर्भ में निश्चय ही पानी है'',
हमने उन्हें झूठी सान्त्वना दी
सब्बल गेंती घमेले और टोकरियाँ इकट्ठी हुई
स्वर्ग की सन्तानें धरती फोड़ने में जुट गयीं
पानी पझरने लगा सचमुच, कमलनाल मिला बेशक
रातभर लालटेन जलाकर
जागते हुए जोगनासार हुआ
दिन को लाभ सिर्फ़ इतना
कि सम्राट् की प्यास के भय से
अपनी ही छाया से पानी का चेहरा ढाँपकर
पढ़ते रहना—
बाप की हड्डी की क़लम
और रक्त की स्याही से लिखी
सम्राट् की हस्तलिपि, शिलालेख अग्नि वर्णमाला।

''जिसका यहाँ घर नहीं, जो घर छोड़कर आया है
इस प्रवास में
वह कभी घर नहीं बनायेगा
घर यानी नींद आने पर
छत के नीचे आँखें मूँदना
जो यहाँ आसराहीन सब दिनों का अकेला है
वह वैसा ही रहे
दोस्त यार रिश्तेदार सबके सब
आखिर को प्यास के ही अनेक रूप हैं
बेहतर है दिन भर बीड़ी फूँकते

मिट्टी माँ का गोश्त काटते
महाकाल से कुछेक पल उधार लेकर
भागवत वाँचते रहना !"

तमाम हाथ प्रार्थना में जुड़कर
झरते हैं पत्तों की तरह
और हवा में तितर-बितर हो जाते हैं
और मुँह में ही रुक जाता है
प्रणतोऽस्मि दिवाकरं
उड़ती है हरे-नीले रंग की विभूति
तुम्हारा सत्य
लौट जाता है तुम्हारी अग्नि लेकर
वह न जीने देता है, न जिलाता है
क्रीतदास का मुहूर्त्त ;
काई मूँगे और जेली और अन्धकार का क्षण;
महाकाल सौदागर से उधारी के कुछ क्षण भर हैं
क्रीतदास की दुनिया
हाय क्रीतदास !

□

ऊँट : ओएसिस की रात

तुम्हारी प्यास—किसी दूसरे अनदेखे रेगिस्तान की
तुम्हारा दुःख—किसी दूसरे अबूझ घाव का
तुम्हारी यह निर्जनता—किसी अनजान जंगल की
प्यास, दुःख और निर्जनता के बारे में
कुछ नहीं जानने के कारण
वे सब दुःखी होते हैं
कि तुम भूखे चलते ही जा रहे हो
धूप तारों किस्सों और भाषा से रहित
तुम्हारे संगी-साथी रेत और धूप और तारे ही तो होंगे

कितने अकेले हो तुम !

वे सब रोते हैं—
फूटी है किस्मत तुम्हारी
दिनभर अपनी परछाईं को खींचते हो
क़दम गिन-गिनकर
और दुःख कि रात के अँधेरे में
रेत में घिसटते जाते हो
शहर और लोगों से दूर, बहुत दूर
अपनी आत्मा में तड़पते।

वे सब नहीं जानते कि कैसे तुम अपनी आँखों से
पी जाते हो दिगन्त
जो स्वप्न की तरह चरमराता है
दूर की सारी मरीचिकाओं को

पत्तियों की तरह चभलाकर
समो लेते हो अपने भीतर
धूप और बारिश में भीगते
पीली रोशनी के गहरे जल में नहाते हो ;
साथ लिये चलते हो
बीत गये पलों की निजी छायाएँ
अपने मनः प्राणों का मीत
और रेत पर जात्रा और मेला
जो कभी ख़त्म नहीं होता।

कोई अन्त नहीं परछाई का, माटी के मन में
लम्बी होती है, बढ़ती है, आकाश छूती है
फिर नन्हीं-सी होकर
झाड़ियों की जड़ में दुबकी
चुपचाप सुनती रहती है
या किसी दूसरे ऊँट के कंकाल पर
सिर टिकाये निश्चिन्त नींद
परछाई का कोई अन्त नहीं
पैरों के नीचे, माँ की तरफ़ बढ़ती
बराबर चलती है साथ वही एक
पुरबिन यात्री
हरे पेड़-पत्ते शून्य के झूले पर झूलते हैं
परत-दर-परत परछाइयाँ घनी और निविड़
आकाश से ज़मीन की रेत तक
शून्य हरी भीड़।

हवाओं की दूरागत आवाज़
जल के हल्के स्वर की तरह सुन पड़ती है
और आँखों में पिछला सारा कुछ
कौंध जाता है ;

रेत के मकान, रेत में असंख्य तारे, रेत की यात्रा
हरेक के पीछे टूट पड़ती है रेत की लहर।

रेत के दूह-चक्र भूत की तरह चलते हैं
अँधेरे में
और दिन के उस अपरिवर्तित पीले प्रकाश में
कल जो था आज भी वही है, सुबह और दुपहर
अपना स्वप्न और जागना, हँसना और रोना
ग़ुस्से में काँपना
प्रेम में चित्र आँकना रेत की स्लेट पर
सबकुछ होता है एकाकार
दिन के बीतने पर रात
और रात के बाद फिर दिन।

कल फिर एक नया दिन
हतभागे: समय की कोठरी की दीवारों पर
फिर एक़ नयी गोल-रेखा
जलती हुई नयी प्यास—पुराने रेगिस्तान की
चमकता हुआ नया दुःख—पुराने घाव का
एक नयी निर्जनता—पुराने जंगल की।

□

ग्रीष्म—बूढ़ा आदमी

ग्रीष्म-ऋतु, डायन मायाविनी
कितना आकर्षण, कैसी माया, कितना है जादू उसका !

बकरी के निरीह बच्चे-सा वसन्त
सिरा गया विपर्ययास्त,
उलझी शिराएँ, उम्मीदभरी प्रतीक्षा में
रक्तहीन पीला
प्राथमिक दुर्वार इच्छा का निश्चेष्ट शहीद

मेरी भंगुर हताशा देखती है
चारों तरफ़ कटे सर, रोता हुआ रक्त
पनियाये गोरस-सा पतला सफ़ेद उदास शहर
जो दूर पहाड़ के नील दंशन
और ताराओं के क्षीण जलकणों की
प्रतिश्रुति के बीच, झूलता रहता है
टूटे स्वप्न-सा।

समाहित स्थिरता और निष्ठा कमाना, लावण्य के
द्वन्द्व में उसकी कला-दृष्टि
संग्राम से टूटा आरण्यक
मेरी रातों को परिपूर्ण करता है
कृष्णचूड़ा के दावानल से
काले आवेग के तीव्र भूचाल के बाद
सुबह होती आशा से दुर्बल
शहर के गुलाबी रेगिस्तान में

लड़कियाँ तोते की तरह नाचती फिरती हैं
चक्रवात की एक साँस से
गरजते ट्रैफिक को बन्द कर
सूखे पत्ते रास्ता पार कर जाते हैं।

एप्रिल का क्षीण स्वर
आकाश की नील ज्वाला के भीतर की
चिड़ियों को विवृत कर
रक्त मन्त्र पढ़ता है
और अस्तव्यस्त पक्षी गीत भूल जाते हैं
झलमलाते निस्संग बन्दरगाहों में
मेरी सब मकड़ियाँ झर जाती हैं
खाली रह जाती है, एक काली स्मृति
जिसे मैं अकेले पढ़ता हुआ
बैठा रहता हूँ।

□

समुद्र

जानता हूँ, आ रहे हो तुम पीछे-पीछे
अपने पवित्र नन्हें पाँव रोपते
सुनाई पड़ती है नूपुरों की आवाज़
जाने कितने जन्म, कितने मरण पाकर

ना, पीछे मुड़कर देखना मना है
पीछे देखने पर तुम गायब हो जाओगे पल-भर में
साखी गोपीनाथ की तरह ;
तकलीफ़ में छटपटाता बूढ़ा पूछता है :
''चाँद उग गया होगा
समुद्र की लहरों पर
और लहरें फागुन की रात में चमचमा रही होंगी न !''

और वह वृक्ष
नदी के कगार पर चीख रहा है
छोड़ दो उस बावले को
चला जाये वह
बह जाये समुद्र के अँधेरे में

लुढ़कते-लुढ़कते आखिर को
वह पत्थर
अचल होकर सोया है अभी
दया करो उस पर
फिर से गढ़ दो
उसका अन्धकार और कीचड़
मिल जाय समुद्र में

अँधेरे में जाने कितनी नदियाँ
कितने झरने
बाट-कुबाट की परवाह किये बगैर
दौड़ते ही रहते हैं इस गाँव से उस गाँव तक
कहाँ गया ? कहाँ गया वह कृष्ण कन्हैया ?
दिन बीता
जाने कितना समय बीत गया
उसके गुणों को गुहारते रोते

मरे ऊँट की जर्जर हड्डियों की ओट छिपी घास
आँसू बहाती है, चीख-चीखकर रोती है
और पूछती है रेगिस्तान की रेत से—
जानती हो तुम समुद्र का घर-घाट ?
पता है तुम्हें
कहाँ पर जलता है उसका नीला दीप ?

जानता हूँ तुम पीछे-पीछे आ रहे हो
अपने नन्हें पवित्र पैर रोपते हुए
मेरा भरोसा और मेरा सन्देह
मेरा सपना और मेरा डर
दोनों को जिलाते हुए
दोनों काली पुतलियाँ सहेजकर
शून्य में, लहरों के चित्र आँकना-भर मेरा काम है।

मरण की सुगन्ध से भरपूर अँधेरे में
करोड़ों जन्म, करोड़ों मरण पार कर।

□

बाग़

सारे समुन्दर जाते हैं द्वीप की तलाश में
आसमान भी तलाशता है चोटी और पहाड़।

बैठा रहता मैं बगीचे में तुम्हारी ही बाट जोहते
शायद आज आओ तुम फ़ाइव डाउन से, या
फिर कोई बस लेकर
और पहुँच जाओ पैदल चलकर अभी
या रिक्शा टन् टन् करके खड़े हो जाओ
फाटक के सामने। अचानक आवाज़ आयेगी
कहो सीताकान्त, सब कुशल मंगल,
अरसा बाद आज हो रही है भेंट
हे मेरे अतिथि, तीव्रतम असह्य वेदना, मेरे प्राणप्यारे !
यहीं अपने बगीचे में बैठा रहूँगा मैं
चारों तरफ़ बाँस के फट्टे काँटा-चूहा और वनकलमी के बाड़े
छोटी-मोटी सुरक्षाएँ, आशाएँ और आश्वासन
छोटी-छोटी क्यारियों के सपने अधबने
आँसुओं और लम्बी साँसों के फाटक में ताला बन्द किये।

यहाँ मैं पिऊँगा कॉफ़ी
बजाऊँगा ट्रांजिस्टर, पढ़ूँगा अख़बार
यहाँ समुन्दर, आसमान पा जायेंगे चोटी और पहाड़।

तुम नहीं पहुँचते
वक़्त चुक जाता है इन्तजार का, साँझ मर जाती है
पानी से भी पतली और रोशनी से भी हल्की-फुल्की होकर

तुम्हारी अनुपस्थिति यहाँ बिखर जाती है
चमचमाती चाँदनी रात-सी
और डुबो देती है मुझे ;
अभागा मैं सड़ी जड़ें, सूखे पत्ते और
झड़े फूलों से नापता अपनी गीली आँखों के आँसू
सुन पड़ती हैं गुलाब की पंखुड़ियों में चुसकियाँ
पानी सोखती जड़ों की।
पेड़ की सूखी टहनी में
और मेरी मरी हड्डी में
पत्तों की हरियाली तक
सपनों की नीलिमा तक
पानी की उठनेवाली हूक।

वह तो बस नीरव स्तुति है। चुपचाप छोटी हँसी रुदन
इस विशाल शून्यता में, विफल मैदान में
गर्भवती कई सनदें
जैसे बाड़े के किनारे फुदकती गौरेया
अब लगी है मेरी स्थिति का आसमानी घड़ा भरने
वही है खुद बढ़ई, कुम्हार और चित्रकार
वही है आम की डाली, नारियल, चन्दन और सिन्दूर।

वापस चले जाते हैं सड़क पर वे सब
बकरियाँ, गायें, भेड़ें और नटखट लड़के
नज़र गड़ी है इधर जो चरती है—
बगीचे में पार किये बाड़े की हरियाली
छु-छूकर फूल पत्ते घास और फल
छलछलाती आँखें जिनकी
फूलने और हँसने की वेदना में।

रास्ता वहीं खत्म होता है
शुरू होता है जहाँ से मेरा बाग़
हालाँकि देखा है कई बार मैंने
सड़क की वह लपलपाती सर्प-जिह्वा
जानता हूँ मैं
वही जीभ अचानक एक दिन चाट लेगी
बाड़े, खपच्चियाँ, पत्ते, फूल, फल
खोल देगी बगीचे के पिंजड़े से मेरे पेड़-पौधे
और शामिल कर देगी सूनी छावनी में उनको।

जानता हूँ, पत्ता-पत्ता तोड़ लेंगे बच्चे एक दिन
नोंच लेंगे एक-एक पंखुड़ी चीरकर इसकी
घास को छुटकारा देगी गाय की जुगाली
अन्तहीन मैदान के फैलाव में
खो जायेगी सीमा और चौहद्दी...विराजेगा सन्नाटा चारों ओर।

सागर को जाने दो द्वीप की तलाश में
आकाश भी जाये चोटी और पहाड़ की खोज में
लेकिन बैठा रहूँगा मैं बाट जोहते
शायद अभी भी आ जाओ तुम
ट्रेन के तीसरे दर्जे या बस से
अपनी जेब में मेरे घर का पता लिये
करके पूछताछ इससे उससे
इसी के तहत कुर्सी छोड़ नहीं जाऊँगा
बैठा रहूँगा इसी बगीचे में तुम्हारी बाट जोहते
तुम आ जाओ...शायद साँझ के बाद रात में।

□

विदूषक

वह भूल गया दो दूनी चार या नौ
यह भूल गया कि सरल रेखा वही
जो दो बिन्दुओं की निकटतम दूरी है
तितली के पंखों में उसने देखीं चीते की धारियाँ
हँसी की बात पर झर-झर आँसू बहाता, और
बात रोने की हो तो ही-ही हँसने लगता।

सर पर टोपी निराली—उस पर सींग
सींगों पर थी शोभित पुष्पलता, चेहरे पर नाना रंग
छाता, जूता, छींट की कमीज़
गधे पर हो सवार
मानो उदित हुआ पूनम का चाँद।

गैलरी की सीढ़ी-दर-सीढ़ी डूब जाती है
हँसी की बाढ़ में, फेन भरे मटमैले जल में
वह तो प्रकाश में टटोलते-टटोलते थक गया
वेदना के टूटे-फूटे खिलौने और घरौंदे
तीखे नाखूनों से अपने आँसू खुरच-खुरचकर
हँसी के नीचे लम्बी साँस ढूँढ़ते
ढूँढ़ते-ढूँढ़ते उस दारुण क्षण का दम
जो यहाँ सचमुच पनीली आँखों के नीचे हुआ गुम
और जो याद आता हुआ भी याद नहीं आता।

मानचित्र में देश की हालत, चिकने स्कूली ग्लोब में
टूटे स्लेट में जितने ब्रह्मा-विष्णु-महेश

और हर क्षण की सुरभि और सर्जन
समुद्र के किनारे का टूटा-फूटा सीपी-वन।

लिहाज़ा हँसी और रुदन एक ही बात है;
ऐसे ही घटती है कोई दुर्घटना
जब आसमान में सूरज दीपक-सा जलता है
ठीक उसी वक़्त उसी एक क्षण में
घने अन्धकार का रूप लेकर
सारी स्थितियों और दूरी को मक्खियों को पेट में भर
तृप्ति में बैठे-बैठे खाली जम्हाई लेता है।

वह भी सिर्फ़ दिखने में ही है फ़र्क़।
जैसे कोई तारा रात के अँधेरे में उगता
दीपक-सा दमकता पश्चिमी आकाश के छोर पर,
दूर से लगता हमें, जैसे वह नहा रहा शीतल आलोक में
लेकिन तभी वह जलता रहता हाय-हाय की आग में
हज़ार सूरज के ताप-सी अकेली दुपहरी
निर्जन अन्तरिक्ष के थके-चुके आँगन में।

इसलिए सही काम है नज़दीक-से-नज़दीक की चीज़ें देखना
तेज़ाब में, कसौटी पर लकीर खींच हक़ीक़त को पहचानना
गुनिया, कपास और नक्शा फेंकने के बाद
जलती धूप में हाड़तोड़ जाड़े का रूप दीखता है
हँसी की लहरें चीर ठूँठ खप्पर की
हँसती है उबड़-खाबड़ दाँतों की क़तार।

शायद वह जानता था।
इसलिए भूल गया कि सूरज उगता है पूरब या दक्खिन में
हवा बहती हैं क्योंकर, पेड़-पौधे ठिठुरते ओस में
बच्चे की तोतली बोली क्यों

बूढ़े की आँखों में आँसू की बूँद ला देती है
गैलरी के दर्शक आते हैं कहाँ से
उड़ते पंछी-से पंख फड़फड़ाते
फिर सचमुच बुझ जाते हैं तारों की तरह
आकाश के कोने-कोने में।

इसलिए उसकी एक प्रार्थना है।

हे ईश्वर, नील-कन्दर-बिहारी[1]
(कृपा करके सुन लो मेरी गुहार)
माफ़ कर दो मुझे, मेरे सारे अज्ञान को
क्योंकि मैंने माफ़ कर दिया है
दुःख में गैलरी की तीसरी सीढ़ी पर बैठे
नाना चेहरे और मुखौटे लगाकर
तुम महा-विदूषक हो
मुझे हँसाते और रुलाते रहे हो
युग-युग से।

□

---

1 पुरी के जगन्नाथजी

शब्दों का आकाश

एक :

मिट्टी के फ़र्श पर नौसिखिए बच्चों के
खड़िया के बने 'ब्रह्मा, विष्णु और महेश'
स्लेट की पट्टी पर टेढ़ी-मेढ़ी रेखाओं के बने रूप
ओनामासी धम्म...
बिलकुल वैसे ही देखता हूँ मैं आकाश के
जल्दी में घसीटे अनगिनत दस्तखत
इन सबमें, तमाम चीज़ों में,
समस्त ध्यान और सारी धारणाओं में।

सैकड़ों पानी के घड़ों में
(शायद जगन्नाथ दास[1] ने कहा था—
'हज़ारों हज़ार हो पानी का घड़ा।
अन्दर झाँको तो आकाश खड़ा')
सड़क के किनारे कॉफी रंग के पानी में
बदरंग दुःख और अलसाये सुख में
कोढ़ी की पट्टियों और गोल आँखों के तारों में[2]।

बिजली-सा जो महाकाल काली घटा में
जलता, बुझता है, कौंधता है
नामुमकिन है पढ़ना उस सांकेतिक भाषा को—
अधमिटे अक्षरों में अन्धे-पत्थरों में।

---

1. उड़िया कवि और भागवतकार
2. जगन्नाथजी की गोल और काली आँखें।

निराले हर्फ़ सच में
'हाइरोग्लिफ़-इंका' या 'आजटेक्'
या फिर हाथीगुम्फा के अधमिटे प्रतिमा-संकेत
पहाड़ी गुफ़ा की दीवार पर अंकित जितने
शिकार और पशु-हत्या, विद्वेष के चित्र
दिन रात मेरे कान में वही नीला, आकाश-संगीत
उस गुफ़ा की धुँधली-सी याद करुण पूरबी
हुई हैं गुंजित
असंख्य भैरव चीखों, हफ़्तावार हाट-बाज़ार के शोरगुल
रेल-पेल को पराजित कर।

दो :

शब्दों का आकाश,
नीले-नीले शब्दों का आकाश
शब्द कभी नीला, कभी मटमैला और कभी
पिंगल, लोहित
इस्पात,.पीतल, ताँबा,
उस रंगारंग रैखिक चित्रपट पर
मेरा मानस, धरती का पुरातन प्राण
उत्कीर्ण ! उत्कीर्ण !!

आकाश के उपकुल का वह पहला वाक्य
उस वाक्य की शब्दावली
अनुप्रास, तुक और यमक
आधे भी आज याद नहीं आते।
इतिहास की हथेली पर खिंची टेढ़ी-मेढ़ी भाग्यरेखा
कर्मफल, यदृच्छा, नियति
है बस अधमिटा पहला दस्तख़त
और प्रथम शब्द की वह विनष्ट विरति।

ओ मेरे नीलाकाश, धूसर प्रतीति मेरी
हे आहत, विखण्डित मेरे हृदय के निलहे दोस्त !
तुम्हारे आँसुओं से तुम्हारे उस घाव के ज़रिये
जो कुछ समझौता है अबोध्य धरती के साथ
समय का शब्दहीन कुचक्र प्रतिध्वनि-रहित
असीम व्याप्ति का व्यूह—रूपहीन, गन्ध और रंगहीन
सबको चीरकर तुम्हीं अकेले हो उद्‌भासित।

तुम हो शायद किसी एक खोंड़ी लेकिन कुमारी षोडशी की
स्मति-सी बेमेल, कमज़ोर करुण
सभी स्मृतियाँ, सारे सपने,
तमाम रास्ते आने-जाने के
सब कुछ तुम्हारा अयाचित दान है।

लिहाज़ा तुम्हारे लिए है मेरी यह कविता—
चूँकि इसे जना है
तुम्हारी मलिन कोख के सौम्य सन्नाटे ने
गढ़ने को माया-सीता
और मुझे पहचानने को
नीली धूसर रेखा की दृप्त नीरवता।

□

हवाईअड्डा

आसमान से धरती
धरती से आसमान।

बादल की थकी लहर
चमचमाती रुपहली धूप
नीरव आकाश (चकत्ता चकत्ता)
सनसनाते सन्नाटे के अविचल इलाक़े से
नीचे दीखते हैं चरागाह,
परिचित नदी-छाती,
सफ़ेद लकीर, नीली लकीर
धोबीघाट की रस्सी पर (सूखते टँगे) कपड़ों की लहरें
झूले पर गाँव की लड़की
हल की फाल से उखड़ती अड़ियल मिट्टी
ननद के केश सँवारती नयी भौजाई

दूर से निकट
निकट से दूर।

हवाईजहाज़ का लपलपाता मुँह
ढलती दोपहरी के पोखर में रुपहले चोईदार कई भाकुर
वार्निश-पुता आसमान धूप-धुला
हवाईअड्डा गाँव परनाला।

रात को स्वर्ग लौटता चैत्र-रथ
लाल नीली रोशनी

घर लौटना, लम्बी यात्रा की
वापसी विदाई का अनाहत नाद।

दूर से निकट
निकट से दूर।

असमाप्त परेशान खोजें
नहीं यहाँ, नहीं वहाँ
न अतल नींद में
न भयानक चेतना में
जीवन और मृत्यु को खोजकर
स्वप्न जागरण को तलाशते
अन्त में बस रह जाती है
अंकुरित मुहूर्त्त में अतृप्ति की छाया।

फिर वापसी का सौर-पथ
झिलमिलाती धूप
'ईथर' की सूनी झील कहाँ मेघ-पोत का अन्त ?
कहाँ अन्त इस फथ का ?
आसमान से परिचित धरती
धरती से अनजाना आसमान।

□

कोठरी

अगर मेरी कोठरी यह होती
मेरी देह, मन, आत्मा का खोपा
दिन, रात मुहूर्त्त और पल
अनुभूति का प्रखर आवेग
सब कुछ खोंसकर, क़रीने से सजाकर
दराज और सूटकेस, चित्रपट और किताबों के खाले में
तो फिर मैं इतना नाराज़ न होता
घोंघे और सीपियों पर
इतना गुस्सा नहीं करता बेकार।

समुद्र-वेला में, करुण बालुकासेज पर
संगीत-लहरों की सरहद पर सीप की उतरन
हमारे गाँव तालाब में
पनघट-पत्थर के पास मरा पड़ा घोंघा
(कई रेखाओं का चित्र खींचकर जो अब सो रहा है नींद में)
और उस परनाले की हरी-भरी मेंड़ पर
घास की क़ब्र के नीचे अनजाने पैर से
रुँदा पड़ा नन्हा-सा केकड़ा :
खपड़ों को देखकर पता चलता है मुझे जिनवे।
देखता हूँ आकाश की नीलिमा से
बेचारे की स्तब्ध त्रस्त आँखें
मन्द गति, सीमित और आत्मीय धरती
सुन रहा हूँ मैं
विदाई की अनसुनी शहनाई।

जाने कब से मैं भी घोंघे-सा
इधर उधर भागता रहा हूँ
मेरा कोठरी के ख़पड़े में छिपकर
दबे पाँव चकित और त्रस्त मन से
खोल से झाँक ज़रा-सा सिर निकाले
फिर अन्दर सिमट जाता, ताकता कनकनाती आँखों से
बराबर डरते-सहमते कि शायद फिर कभी
खपड़े में न हो पाऊँ संयोजित
या कि कहीं खपड़ा मेरा टूटकर
चकनाचूर न हो जाय
और मुझे फेंक दे पंच महाभूतों—क्षित्यप्तेजमरुद्व्योम में।

लेकिन अगर कभी तजकर यह कोठरी
अनजाने उस स्वप्न को सुन बौराकर
आहिस्ते चुप्पी एक चली जाय हमेशा के लिये
तब क्या तुम जान पाओगे किसका जीवन-चित्र
है यह कोठरी ? क्या पता लग पायेगा तुम्हें कि
कौन था इस कोठरी में चन्द दिन पनाह लिये
प्यारे दोस्त वह रैयत था देही या विदेही ?

समय के फटे पन्नों को उलट-पुलट
तुम मेरी खोजबीन करते रहोगे
कभी किताबों के ताक में मेरे
कभी दीवार की तस्वीर में या परदे पर
सूनी कुर्सी, मेरे बही-खाते में
गोकि चीनी की तरह मिल गया हूँ मैं
वस्तु और धारणा के पानी के गिलास में।

डरते डरते ढूँढ़ो अगर तुम मुझे
मेज़ की दराज़ में मेरे

या अण्ट-सण्ट रँगे जितने फाड़े काग़ज़ की चिन्दियों में,
सिगरेट के गुल भरे 'एस्-ट्रे' में
फाड़ी हुई चिट्ठी या जली हुई तीली में
मुझे अगर तुम ढूँढ़ो व्यर्थ और शंकित मन से
मेरे कपड़ों की अलगनी में
अपने हाथों अंकित मेरी तस्वीर और मेरी कविता में
कई खोयी स्मृतियों में, ज़रा-सी देह गन्ध में
फटे जूते की जोड़ी में और खोयी प्रतिध्वनि की गूँज में

मैं समझूँगा तुम एकदम मेरे-जैसा
चाहते हो अपना निशान छोड़ जाना
जाने-पहचाने रास्ते के सभी मोड़ों से लौट
ठिकाने पर पहुँचना
बिना भूले अपनी उस पुरानी लीक पर
वापसी गाने के सुर को
श्मशान और पिण्डदान अन्त्येष्टि क्रिया के बाद
मन में छिपाकर भूत-प्रेत
डायन और पिशाचिन के डर को।

ढूँढ़ते-ढूँढ़ते थक जाओ अगर तुम
मन ही मन झुँझलाने लगो
याद कर सकते हो कि
तुम्हारी थकान पर मैं भी रहम करता हूँ
मैं भी हँसता होता
अगर यह कोठरी बस होती मेरी देह का सही खपड़ा
चल बसने के बाद भी जो मेरे अस्तित्व को
जो अनागत काल तक
छिपा नहीं पाता।

□

एक गीत कुब्जा के लिए

बरसों इन्तजार करती रही
मथुरा के राजपथ पर
निर्मम निर्मेघ नीरव इस सूने आकाश में
पथरायी आँखों से
हाड़ कँपाते जाड़े में
धूसर हेमन्त और
चैत के पतझड़ की करुण रागिनी में
आकाश का फीका, सूखा और
गँदला चेहरा
धूल के समुद्र तले से
वसन्त के बकुल की महक में
जराग्रस्त सीमित इस मन के
झरोखे की फाँक से
समय के कई-कई आवर्तनों में
गिनते-गिनते बरस, माह
दिन-पहर घड़ी-पल
लाँघकर निदाघ का रौद्र ताप
मन के दिगन्त पर
गुरु गम्भीर नाद में
कब उगेगा सजल मेघ।

बहुत धन द्रव्य दिया सन्तुष्ट हो
कंस महाराज ने
उपभोग करने को दान दिये
तीन-तीन प्रदेश

काँख में सन्दूक लिये
चली जाती मथुरा के राजपथ पर
सुगन्ध गन्ध-चन्दन लिये
हाजिर होती कंस-दरबार में
प्रजा, सेवक हूँ
राजा की देह में चन्दन प्रलेप करती
जन्म भर अनव्याही
पति बिना, सूनी ही गोद मेरी
सूने उस हृदय-सरोवर में
एक भी उर्मि नहीं
न कोई पवन की लहर
(देखकर रूप शोंभाहीन मेरा
कौन व्याहता मुझे ?)
निस्सार जीवन मेरा
रेगिस्तान पर पदचिह्न-सा
बनी रही सिर्फ़ कंस की नियोगिनी।

न कोई गन्ध, न रंग
न वर्ण कोई
स्वर का न कोई वैभव मेरे लिए
सब वही रंगहीन गन्धहीन
वर्णहीन स्वरहीन
धूसर और नीरव छाया।

दिन-दिन मास-मास
बरस-बरस, मन्वन्तर-मन्वन्तरों तक
मैं सिर्फ़ सेवा करती रही
दुष्ट राक्षस की
छत्तीसों नियोग से,
अतः मेरी देह मेरा मन

आत्मा में निदाघ की जलन
धधकता आशाहीन सूना इलाक़ा
घास की न लहर कोई, बित्ते भर
मेघ की छाया तक नहीं
पूतिगन्धमय मथुरा के इस नरक में
भोगती रही सदा
यन्त्रणा क्लेश ताप।

व्याकुल है सारी पृथ्वी
मेरी इस विफलता से
आलोड़न सागर और धरती पर
मथुरा में प्राण नहीं,
मृत हृदय, सिर्फ़ टेढ़े-मेढ़े
कुबड़ाये मन,
अश्लील देह और प्राण लिये
अभिशप्त नगरवासी मानो
चन्दन चर्चित हो मृत देह
मृत प्राण और
मृत्यु के शीतल स्पर्श में विभोर।

रोम-रोम अणु-परमाणु में,
रक्त और धमनी, नस-नस में
गूँजती सिर्फ़ विफलता बंशी की तान,
कोटी-कोटि जन्म के
शत कोटि स्वप्न
आहत प्राण हैं, टूटे और
व्याकुल स्वप्न सारे
विलम्बित वसन्त के बिडम्बना भरे समारोह में
विष भरे तन और मन के लिए
आशा और आकांक्षा के

सपने सारे पंक्तिबद्ध भरे पड़े
बेटे-पोते
पुरखों बाप-दादों से बेटे-पोतों तक।

हिसाब किताब का दिन—
सारे उन मृत मेघों
मृत धुत्त, मृत वत्स धरती का !
थोड़ा-सा चन्दन तूने
माँग लिया मुझसे है भावग्राही।
चन्दन मिला उसे
चन्दन लौटा आज
उसी मूल प्रथम को
चन्दन दोनों भाइयों को
वरना क्या अभाव तुझे चन्दन का !
सच आज जले झुलसे इस
अपराह्न के इलाक़े पर
साँवले मेघों की छाया,
कूँजड़े कुल में जनमी यह
आजन्म कुब्जा
मन मेरा कदम्ब-सा उल्लसित,
मुकुलित हो रहा।

श्मशान की मृत हड्डी में
संगीत की सिहरन
जादुई छड़ी की छुअन में तेरी
कहीं अदृश्य हुआ वृद्धापन
सँवर गये सपनों के खँडहर
चिथड़े-चिथड़े पैबन्दों भरा
मेरा टूटा मन
फिर से जुड़ गया

चमका मेघ और चमकी बिजली
झर-झर झरी बारिश
नवजन्म ससागरा धरा।

माथे पर तेरे सीधा तिलक
लगा दिया मैंने
धूसर आकाश पर घिर आये
नीले बादल और
हृदय-प्रदेश में बेशुमार मोती

हर्षध्वनि में
भर कर मथुरा का राजपथ
चन्दन लगाया मैंने
नाभि से ललाट तक तुम्हें,
ज़रा-सा पाँव दबा कर मेरा
चिबुक जब उठायी तूने
फिर से आशाएँ जी उठीं,
खिल उठे स्वप्न—
देह और प्राणों की सरसी।

हे परम आदिमूल !
तभी तो माँगता हूँ मुक्ति आज
अभिशप्त मथुरा के बन्दीजन
तेरी चरण-रेणु स्पर्श कर
झर जाये जीवन का सारहीन निर्मोक
मिट जाये धूसरता, अन्त हो मृत्यु का
और विभंग काल का
खत्म हो अश्लील और कुत्सित की राज-पूजा
घिर जाये सूखे आकाश में
स्याह-काली कजरारी मेघमाला।

कुंकुम का स्नान यह
झीना बसन, कंगन - केयूर
वक्ष का चन्दन सारा,
गले में हार और
ताम्बूल-रचे ये सु-रंग अधर
यह सुगन्ध; दीप, धूप, नेवैद्य
मुक्ता और प्रवाल
यह रत्नपादुका, सोने का पीढ़ा
और चन्द्रहार
सब तेरे ही लिए
पल भर को युग समझ कर
हे आदिमूल !
हे अनादि श्यामघन !
आज तेरे लिए
देह, मन, हृदय और
आत्मा—सब निदाघ के अन्त में
रौद्र-जाल पीड़ित समय के अन्त में
सीमित, अपूर्ण, रुग्ण
इन कुब्ज-प्राणों के मरुदेश के अन्त तक
बैठी है स्वप्न लिये कुब्जा
देह-मन-हृदय सँजोये
तेरी ही राह ताकती।

□

मरुपथ की स्वरलिपि

अजन्मी छाया का सपना
मेरे निद्रित प्रहर में
झपाझप चला गया लाँघता
बरसती रात के अँधेरे में काली गाय-सा।

अग्नि का चक्का घूमता फिर रहा है
जलता-भूनता वसन्त का शहर
हँशिया और कुल्हाड़ी पर मांस
निहान और छेनी पर रक्त के छींटे
तारों के राजत्व के बाद
आकाश में घना अन्धकार।

यह अन्धकार पृथ्वी का
आदमी का।

यह अन्धकार सोया रहा
कभी नींद में
सागर की प्रशान्त छाती पर
ओढ़े शून्यता की चादर
मन्वन्तर मन्वन्तर तक निःसंग
सागर के हृदय पर
तैरता बरगद का पत्ता आदि-पुरुष
अयुत अर्बुद वर्ष के
घनीभूत अन्धकार के निबिड़ आश्लेष में।

फिर खिलौना चाहिए,
चाहिए जरा-सा सीमित निलय
पिण्ड की महाप्रकाश सत्ता
चाहकर ज्योति का वलय
खेलकर साथी, क्रीड़ा साथी
एमीबा, डिनोसार
अनेक विनोद और खेल
समुद्र की अतन्द्र नीलिमा
आशा और वेदना की परिधि असीम।

आज हाय ! समुद्र की सत्ता नहीं
चारों ओर रेत ही रेत
घना कोहरा अन्धकार
झाड़ियाँ कँटीली
समूची यात्रा के अन्त में अपनी स्थिति के
सारे गतिपथ मिलते हैं
अपनी शून्यता के केन्द्रबिन्दु पर।

अगर पहचान ले अन्धा कि
यह पृथ्वी सबसे अच्छी है
किसे कहा उसने अपना यह आविष्कार ?
सर्कस का जोकर गिटार के स्वर में, आह
अश्रु और दीर्घ साँस
सचमुच जैसे रोककर बैठा है।

बाहर रेत का विस्तार
अन्दर भी रेत विजनता
ज़रा सा आश्चर्य और
मरुद्वीप के खिलौन में
भला कोई भूल सकता है कभी
रेगिस्तान की निःसंग शून्यता !

स्थिति की सारी गुफ़ाएँ
ध्वनित हुईं जब
प्रलय-पयोधि के जल में
दीर्घ-रात्रि के स्वर में
अनेक प्रश्नों का जाल
उरझ-पुरझ गया
कण्ठरुद्ध प्रार्थना के स्वरों में
तीरों का आँख टिमकाना
(मृत्यु से पूर्व धूल होकर
आकाश के मैदान के खाद बनने से पहले)
क्यों, क्यों प्रश्न उठे हैं
पढ़ाई नहीं करूँगा,
नीहारिका पकड़ूँगा मैं
ज़िद्द कर रोया था जिस दिन शिशु,
मार खाकर ग़ुस्से में
पहाड़े गिने थे उसने
पाटी पर चाक रगड़ कर लिखे थे
ब्रह्मा, विष्णु, महेश सुबकते हुए
सारे रेगिस्तान में बाहर-भीतर
खोज-ढूँढ़ कर उसे
मैं तो पा न सका।

□

जारा शबर का गीत

धनुष और तूणीर
आकाश का नीला धनुष, मेरे मन का तीर
कौराँये भविष्य की डबडबाती दो आँखें
निकाल लेता है
रह जाती है सिर्फ़ समय की बेहोशी
और गहरा अन्धकार

यह भी क्या कपट-व्रत का उद्यापन-उत्सव है प्रभु !
गोकुल से द्वारका की यात्रा, साम्ब का नारी-वेश और
जैत वन के बाद
क्या यह तेरे मन का आखिरी उच्छ्वास है ?

सबकुछ झूठ-मूठ लगता है विश्वासघात-सा
छोटे-से आदमी से आँख-मिचौनी खेलता है न !
वह देख, आसमान से तेरी दबी-दबी हँसी सुन पड़ती है
अगर तेरा जनम नहीं, तेरा मरण नहीं
इतिहास के बाहर खड़ा है तू
फिर क्यों रोती है तेरे लिए यमुना की नीली जलधारा
क्यों रोते हैं कदम्ब से झरे फूल, गोवर्धन पर्वत
कुहरती रहती है वंशी की शून्य तान
जलती रहती हैं देवकी और वसुदेव की
हल्की पीली आँखें ?

जला डालती है मेरी देह, मेरा मन, मेरी आत्मा की विभूति
धूसर अतीत तैरता है क़ोरी चन्दनायी रात की तरह
क़ितनी ही गोपियों की आँखें आँसू से भरकर

याद आता है छलना का अभिषेक
यमुना के तट पर रासलीला
खोकर पाना और फिर खो देना
हमारी छोटी-सी ज़िन्दगी के स्नेह और विश्वास-सा
सबकुछ तो छलना है अभी, आकाश पृथ्वी सब झूठ
युगों-युगों से सिर्फ़ हमें ठगता रहा है
कितना बड़ा ठग बेईमान झूठा है तू
तू रथ के ऊपर है, फिर पानी के नीचे भी
अक्रूर-जैसे तो पगला गये थे
फिर इस शवर की क्या बिसात

शायद तू लौट आयेगा
इस मैली धरती की छाती पर नयी छलना के साथ
याद रहेंगी अभिशप्त जारा की बातें ?
डरावना शरीर—पथरीला पहाड़
मोटी-मोटी दो आँखें—जैसे आग के गढ़े
शबर की बर्बरता, धनुष और तूणीर ?

शायद तू सब जान लेगा
देख लेगा मेरा नया रूप
पहचान लेगा मेरी पुरानी आत्मा को
शायद तू द्वापर में त्रेता को देख रहा है
और जारा में किष्किन्धा के बाली को
मुझे लेकिन पता नहीं है, न पता होगा तेरा नया रूप
पहचान नहीं पाऊँगा नये शरीर में
तेरे अतीत की बादल-रँगी देह
करुणा-पूरित हिरन आँखें,
तेरे वक्ष पर की कौस्तुभ मणि
कोमल किसलयों-जैसे तेरे दोनों पाँव
जहाँ जाकर बिंध गया हतभागे इस जारा का तीर

न पहचान पाऊँगा, न जान पाऊँगा
वर्तमान, भूत और भविष्य
सबकुछ तो तू देखता है, जानता है—
जीवन और मरण का रहस्य
और हमें देता है विस्मरण का अबूझ अन्धकार
छलना के कितने मायाजाल
नचिकेता की तरह मैं जानना नहीं चाहता
जीवन और मृत्यु का अमोघ रहस्य
और न मैं सुनना चाहता हूँ
कुरुक्षेत्र में अर्जुन के विषाद का खण्डित स्वर
ज्ञान, कर्म और भक्तियोग
हे कपटी, हे निष्ठुर, हे शिवसुन्दर !
मैं तेरा वह रूप नहीं देखना चाहता
जहाँ जलते रहते हैं
सभी ग्रह-तारे, इन्द्र, चन्द्र और सूर्य और वैश्वानर
मैं नहीं देखना चाहता वह विश्वरूप
नहीं माँगता मैं तेरा ज्ञान, नहीं माँगता तेरी स्मृति असीम
हे मायावी विश्वरूप,
मेरी बस इतनी ही विनती है
हर युग, हर काल, हर समय में मेरा तीर
तुझे मुक्ति दे तेरे शरीर से, तेरी अपनी ही छलना से
और युग-युग तक मैं रोता रहूँ
अपने दुबले वक्ष पर
तेरे कोमल जामुनी पाँव सहेजकर।

□

णाणं
पयासयं

वीर नि.सं. 2470
ई.सन् 1944

भारतीय ज्ञानपीठ